新・はじめて学ぶ社会福祉 4

杉本敏夫 監修

社会福祉概論

立花直樹・波田埜英治 編著

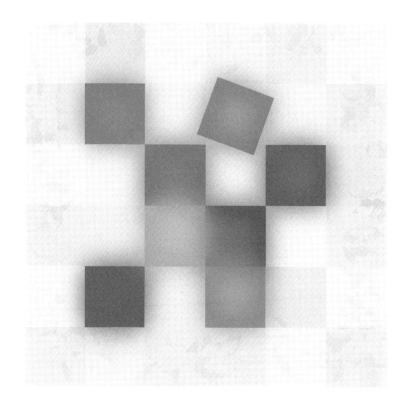

ミネルヴァ書房

シリーズ刊行によせて

　社会福祉の基礎構造改革を基盤にして始まった21世紀の社会福祉もほぼ15年が経過した。第2次世界大戦後の昭和20年代〜30年代に構築された「措置」を中心に据えた社会福祉が「契約」を中心に据えた社会福祉へと転換されたのが基礎構造改革であり，本来，社会福祉サービスを必要とする人たちがより安心して，自分らしく暮らせるように支えていくのが社会福祉の使命であると思われるが，この改革によって，特に社会福祉サービスを必要としている人々はより幸福な生活を享受できるようになったのであろうか。

　社会福祉の理念や考え方も上記の改革にともなって大きく変化した。たとえば，社会福祉の目標とするところが保護から自立に変わり，パターナリズムがエンパワメントに変化した。

　社会福祉の担い手であるソーシャルワーカーとしての社会福祉士の資格制度は1987（昭和62）年に導入されたが，当時にはまだ契約による福祉という概念は存在していなかった。しかし，2005（平成17）年に社会福祉士の資格取得のためのカリキュラム内容が大きく見直され，新しい時代に対応する教育内容に改革された。この改革によって，社会福祉の新しい考え方を基盤にして，より専門性が高く，しかも実践的な知識と力をもっている社会福祉士を養成するための教育が始まっている。また，もうひとつのソーシャルワーカー資格である精神保健福祉士の制度は1997（平成9）年に創設され，2012（平成24）年には新しいカリキュラムへと再編されている。

　さらには，児童を取り巻く問題の複層化により，教育機関や保育現場においても，ソーシャルワークの必要性が認識され，教師や保育士がソーシャルワー

i

クの視点をもつとともに，専門のソーシャルワーカーによる“スクールソーシャルワーク”や“保育ソーシャルワーク”の実践が始まっている。2015（平成27）年からは，社会で子育て支援や家庭支援を行うことを主眼に，子ども・子育て支援新制度がスタートしている。

　このように，社会の変化にともなって我々が直面している生活の課題が大きく変化していく中でソーシャルワーカーやソーシャルワークに対する期待はますます大きくなってきていることが実感として感じられる。

　このような時代背景を意識して，本シリーズ，「新・はじめて学ぶ社会福祉」はこれから社会福祉を学ぼうとしている人たちを意識して，わかりやすく社会福祉のエッセンスを伝え，その基礎をしっかりと身につけてもらうことを目標として編集している。しかし，その一方で保育士，社会福祉士，精神保健福祉士のシラバスで示されている項目を忠実にたどるだけでなく，それを一歩も二歩も超える形で社会福祉を学んでほしいという願いも込めて編集を行っている。各編者，著者の方々にもその点を踏まえてもらって，理解しやすく，しかもより専門的な視点を盛り込んで執筆をお願いしている。

　本シリーズがこれから社会福祉を学ぼうと思っている人々に広く読まれ，さらに学習を深めるきっかけとなることを願っている。

2015年2月吉日

　　　　　　　　　　　　　　　　　　　　　　　　　杉本敏夫

目　　次

シリーズ刊行によせて

プロローグ　社会福祉を学ぶにあたって……………………………*1*

社会福祉の意義と役割…*1*　社会福祉の現状と課題…*4*

第Ⅰ部　社会福祉の意義と役割，制度と体系

第１章　社会福祉の理念と概要………………………………*8*

1　社会福祉とは何か………………………………………………*8*

私たちの暮らしと社会福祉…*8*　社会福祉の概念…*9*　社会福祉とは…*10*

2　社会福祉の理念…………………………………………………*11*

社会福祉の理念の理解…*11*　人権尊重…*11*　ノーマライゼーションとソーシャル・インクルージョン…*12*　自立支援…*13*

3　社会福祉の概要…………………………………………………*14*

社会福祉と社会保障…*14*　社会福祉の目的…*15*　社会福祉の対象と実施主体…*16*　社会福祉の専門職……*17*

4　社会福祉の援助（ソーシャルワーク）と生活支援…………………*18*

第２章　社会福祉の歴史的変遷………………………………*20*

1　海外の福祉の歴史………………………………………………*20*

イギリスの歴史…*20*　アメリカの歴史…*21*

iii

2 太平洋戦争終結以前のわが国の歴史 ……………………………………22

> 近代以前の相互扶助と施し…22 明治時代の慈善活動と感化救済
> 事業…23 大正時代から戦時期までの社会事業と厚生事業…24

3 太平洋戦争終結以後のわが国の社会福祉の歴史 ………………………24

> 終戦直後から1970年代まで…24 1970年代から1980年代まで…26
> 1990年代から2000年まで…26 2000年以降から現在まで…27 今
> 後の社会福祉について…29

第3章　基本的人権と社会福祉 …………………………………32

1 社会福祉からとらえた基本的人権 ………………………………………32

> 基本的人権のはじまり…32 基本的人権をめぐる理論的な解釈
> …33 基本的人権に係る国際条約，宣言…34 日本国憲法におけ
> る基本的人権…36 「基本的人権の課題」に対する国民の意識
> …37

2 基本的人権と社会福祉実践 ………………………………………………37

> 社会福祉分野の国家資格における基本的人権の支援…37 社会的
> 困難を抱える者，マイノリティ（社会的少数者）に対する理解と
> 支援…38 基本的人権を擁護する行政の役割…39 基本的人権に
> 係る最近の動向…40

3 基本的人権における今後の課題 …………………………………………41

> 社会福祉施設における利用者の基本的人権…41 基本的人権のま
> ちづくりをすすめる視点をもつ課題…42

第4章　社会福祉の法体系と制度 ……………………………44

1 社会福祉制度の構造 ………………………………………………………44

2 社会福祉の法律と制度の変遷 ……………………………………………46

> 社会福祉制度の見直し…46 社会福祉基礎構造改革…47

3 主な社会福祉関係法 ………………………………………………………47

> 社会福祉法…47 生活保護法…48 児童福祉法…49 身体障害者
> 福祉法…49 知的障害者福祉法…49 老人福祉法…49 母子及び

父子並びに寡婦福祉法…*50*　介護保険法…*50*　高齢者虐待の防止，
高齢者の養護者に対する支援等に関する法律（高齢者虐待防止
法）…*50*　障害者の日常生活及び社会生活を総合的に支援するた
めの法律（障害者総合支援法）…*51*　精神保健及び精神障害者福
祉に関する法律（精神保健福祉法）…*51*　発達障害者支援法…*51*
障害者虐待の防止，障害者の養護者に対する支援等に関する法律
（障害者虐待防止法）…*52*　児童虐待の防止等に関する法律（児
童虐待防止法）…*52*　次世代育成支援対策推進法…*52*　子ども・
子育て支援法…*53*　民生委員法…*53*　生活困窮者自立支援法…*53*
子どもの貧困対策の推進に関する法律（子どもの貧困対策推進
法）…*54*

第5章　社会福祉の行財政と計画 ………………………………… 55

1 社会福祉における行政の役割と意義 ………………………… 55

社会福祉基礎構造改革以前の福祉行政…*55*　社会福祉基礎構造改
革以降の福祉行政…*56*　福祉行政における税と保険制度の関係
…*57*

2 社会福祉と福祉財政 …………………………………………… 59

福祉財政における国と地方公共団体の関係…*59*　年金制度の仕組
み…*60*　地方公共団体の福祉財政…*61*　民間の財源…*62*

3 社会福祉と福祉計画 …………………………………………… 63

社会福祉と福祉計画の歴史——1980年代までの福祉計画…*63*　老
人保健福祉計画の策定…*64*　福祉政策としての福祉計画の普遍化
…*65*　各々の福祉計画概要…*65*

第6章　社会福祉の実施機関 ……………………………………… 68

1 実施主体の役割 ………………………………………………… 68

国…*68*　都道府県…*69*　市町村…*71*

2 援助機関の役割 ………………………………………………… 71

社会福祉法人…*71*　医療法人…*72*　NPO法人（特定非営利活動
法人）…*72*

v

3 各種専門機関の役割……………………………………………………72

福祉事務所…72　児童相談所…73　婦人相談所…75　更生相談所
…76　地域包括支援センター…76　精神保健福祉センター…77
保健所・保健センター…78　子育て世代包括支援センター…78
社会福祉協議会…79

第7章　社会福祉事業と社会福祉施設……………………………82

1 社会福祉事業の概要……………………………………………………82

「社会福祉事業」と「社会福祉を目的とする事業」について…82
「社会福祉に関する活動」について…85

2 社会福祉施設の種類と目的……………………………………………86

児童福祉法に規定されている児童福祉施設…87　障害者総合支援
法に基づくサービスを提供する施設…88　生活保護法に規定され
ている保護施設…89　老人福祉法に規定されている老人福祉施設
…90　母子及び父子並びに寡婦福祉法に規定されている母子・父
子福祉施設…90　売春防止法に規定されている婦人保護施設…90
その他の社会福祉施設…91

3 社会福祉のサービス提供体制…………………………………………91

措置方式…91　利用契約方式…92　子ども・子育て支援方式…93
介護保険方式…93　総合支援方式…94

第8章　社会福祉専門職・実施者……………………………………98

1 社会福祉の国家資格と仕事の領域……………………………………98

社会福祉士…98　介護福祉士…99　精神保健福祉士…99　保育士
…99　保育教諭…99

2 社会福祉の施設や事業所で働く専門職………………………………100

高齢者福祉分野…100　障害福祉分野…101　児童福祉分野…102
社会福祉協議会…103　保健医療機関…104　司法関係…104　地
域で活動している福祉の専門職…104

3 社会福祉行政機関の専門職……………………………………………105

目　次

福祉事務所…*106*　身体障害者更生相談所・知的障害者更生相談
所…*106*　児童相談所…*107*　婦人相談所…*107*　精神保健福祉セ
ンター…*107*

4　関連領域のおもな専門職 ……………………………………………… *107*

保健医療領域…*107*　教育…*109*　司法…*109*

第⑨章　社会福祉における相談援助 ………………………… *111*

1　相談援助技術の体系 ……………………………………………………… *111*

直接援助技術…*111*　個別援助技術…*113*　集団援助技術…*113*
間接援助技術…*114*　地域援助技術…*114*　社会福祉調査法…*115*
社会福祉計画法…*115*　社会福祉活動法…*116*　社会福祉運営管理
法…*116*　関連援助技術…*116*

2　援助の過程（プロセス）………………………………………………… *117*

ケースの発見，受理面接（インテーク）…*117*　事前評価（アセ
スメント）…*117*　援助計画の作成（プランニング）…*119*　介入
（支援の実施：インターベンション），監視（モニタリング）
…*119*　事後評価（エバリュエーション），終結…*120*

3　相談援助の展開 ………………………………………………………… *120*

ジェネラリスト・ソーシャルワークの必要性…*120*　ソーシャル
ワーク実践の展開にむけて…*121*

第10章　権利擁護と苦情解決・評価制度 …………………… *124*

1　福祉サービスと契約制度 ……………………………………………… *124*

契約制度のはじまり…*124*　利用者への情報提供…*125*　福祉サー
ビスの評価…*126*

2　利用者の権利擁護と利用者保護（支援）制度 ……………………… *130*

利用者の権利擁護…*130*　苦情解決制度…*132*

3　権利擁護と苦情解決・評価制度の課題 ……………………………… *134*

vii

第Ⅱ部　社会福祉の現状と課題

第11章　孤立や貧困問題と地域ネットワークの構築… 138

1　地域における孤立の現状 ……………………………………………… 138

孤立とは何か…138　わが国における孤立の現状…139　子どもの
孤立や貧困問題…140　孤立や貧困問題への取り組み…142

2　地域ネットワークの構築 ……………………………………………… 144

3　ソーシャル・インクルージョンをめざして …………………………… 145

コラム　大牟田市における地域ネットワーク構築……146

第12章　高齢・多死社会の到来 ……………………………… 149

1　高齢化・人口減少社会の現状と課題 ………………………………… 149

高齢化…149　高齢化の要因…150　人口構造の変化…151　平均
寿命の伸長…152　人口減少…152

2　社会の変化と高齢者——産業構造の変化・世帯構造（高齢世帯の
増加）・人口構成 …………………………………………………… 153

社会の変化…153　都市化…154　世帯構造の変化…155　高齢者
世帯…156

3　世代間扶養の現状と課題 ……………………………………………… 157

4　今後の課題と展望——生涯現役社会・健康寿命等 ………………… 158

コラム　自助・共助・公助　そして商助……159

第13章　子ども・子育て支援の総合施策 ………………… 161

1　少子化の現状 …………………………………………………………… 161

出生数と人口構成…161　少子化の要因と対策の必要性…162

2　少子化対策 ……………………………………………………………… 163

これまでの少子化対策…163　これからの少子化対策…165

目　　次

3　子ども・子育て支援サービスの現状 …………………………………… *165*

　　　子ども・子育て支援制度の特徴…*165*　子育て支援給付…*166*　地域子ども・子育て支援事業…*166*　仕事と子育ての両立支援事業…*168*

4　子ども・子育て支援対策の充実をめざして ……………………………… *168*

　　　子ども・子育て支援制度の円滑な実施の必要性…*169*　待機児童の解消…*169*　「小１の壁」の打破…*169*

　　コラム　岡山県の放課後児童クラブ（学童保育）……*170*

第14章　ノーマライゼーションの現状と諸課題 …… *173*

1　ノーマライゼーションの理念と歴史 …………………………………… *173*

　　　ノーマライゼーションと国際障害者年（1981年）…*173*　ノーマライゼーション理念にいたる歴史…*174*　「障がい観」の展開…*175*　日本でのノーマライゼーションの歩み…*176*

2　ノーマライゼーションから共生社会へ ………………………………… *177*

　　　インテグレーション，インクルージョンの理念の登場…*177*　日本における脱施設化の流れ…*178*　障害者自立支援法の成立と地域移行の推進…*179*　ノーマライゼーション，インテグレーション理念と障害者自立支援法…*180*　共生社会に向けた日本の「知的障がい者福祉」の歩み…*180*

3　共生社会への課題 ……………………………………………………… *182*

　　　障がい者と人権…*182*　入所型施設とグループホームの動向と課題…*183*　マイノリティと共生社会…*184*

第15章　国際化と多様性支援の現状と諸課題 ………… *186*

1　人口を維持・増加させるための移民政策 ……………………………… *186*

　　　人口減少社会における政策…*186*　EPAを活用した専門職の確保政策…*188*

2　労働力の確保と外国人労働者 …………………………………………… *190*

　　　労働力を確保するための既存の政策…*190*　労働力を確保するた

めの新たな政策…*192*

3 人口減少社会における多様な文化と価値観の承認……………… *193*

　　セクシュアルマイノリティ（LGBTIQA）の承認と対応…*193*
　　在留外国人の承認と対応…*195*

4 現状の課題と展望 …………………………………………………… *196*

　コラム　Ａこども園における多文化理解への取り組み……*197*

エピローグ　社会福祉の動向と展望………………………… *203*

1 戦後の社会福祉制度の概要 ………………………………………… *203*

2 各福祉分野の変遷 …………………………………………………… *204*

　　高齢者福祉…*204*　　障がい者施策…*205*　　児童家庭福祉施策…*206*

3 今後の社会福祉施策の課題 ………………………………………… *207*

あとがき

さくいん

x

プロローグ

社会福祉を学ぶにあたって

社会福祉の意義と役割

"社会福祉"という言葉を耳にして，あなたは何を思い浮かべるだろうか？

社会福祉は「広義には，国民の生活の安定と福祉の増進を図ることを目的として行われる社会的な方策または行動体系」「戦前は社会事業と呼ばれていたが，戦後は新しい憲法の理念に基づき，とくに社会福祉事業としては，社会保障制度の一環として，生活困窮者，障害者，児童，老人などの社会的に援護を要する者の自立と社会参加をうながす事業」と定義されている。つまり，広義的には"社会福祉"は"国民の生活の安定と福祉の増進を図ること"を意味しており，社会福祉には，介護，保育，相談，就労支援，更生，更正，交流，生きがい支援，権利擁護，苦情解決，自立支援，自律支援などさまざまな要素が含まれている。また，狭義的には"社会保障の対象となる人びとへの援護（援助や保護）を通じた自立と参加のための事業"を意味することが分かる。まず，現代における社会福祉の意義について考えて頂きたい（第1章参照）。

近年，「社会福祉サービス（契約が基本）」と言われるが，元々の出発点は個人の善意（施し・憐れみ）や，近隣同士の助け合い（相互扶助）が基本であった。それが時代とともに変遷してきたのである。20世紀初頭には「社会事業（保護が基本）」と呼ばれ，第二次世界大戦後は「社会福祉事業（措置が基本）」であった。時代とともに変遷してきた社会福祉の意味や内容をしっかり学ぶことで，現代における社会福祉の意義を再認識することができるはずである（第2章参照）。

とくに現代の社会福祉を考える際に，「人権」「権利擁護」を抜きには考える

ことができない。それは，従来の貧困やホームレスの問題，入所児・者や通所児・者といった利用児・者の生きがいや主体性の尊重という問題のみならず，近年「虐待やDVの被害による心理的ケア」「貧困問題や自殺やストーカー等に関する命に関する相談」「発達障害や性的虐待・暴力等の表面化されにくい問題への対応」「ネットカフェ難民や低所得者層の増加などの準要保護層の増大」「知的障害者や精神障害者等が多く含まれる刑余者に対する支援の問題」や「LGBT等に代表される多様な性への支援」など，より複層的で多領域が絡む人権問題が増加している。当然，「社会福祉サービス（契約）」においては，サービス提供者とサービス利用者の関係は"我—汝"という対等な全人格的関係が基本にあり，「人権」「権利擁護」を社会福祉援助や支援の基盤におかなければならないからである。時代に必要とされる人権意識や感覚とは何かを学んでおきたい（第3章参照）。

　基本的人権が保障されているのは，すべての法律の根幹となる「日本国憲法」第25条においてである。法治国家においては，すべてのルールは法律や制度で規定されている。もちろん，社会福祉は多岐の分野にわたっているため，社会福祉には多様な法律が関係する。社会福祉実践に携わる者の中には法律や制度の細部を理解するのが苦手だと感じている人が多い。専門職の援助の方向性が指し示されているのが制度であり，援助や支援の基準が細かく規定されているのが法律である。ルールに基づいて援助を行い，逸脱した支援を行わないためにも，法体系や制度はしっかりと押さえておくべきである（第4章参照）。

　社会福祉において，法律や制度に基づいて援助や支援を行うのは当然であるが，財源（必要な資金）がなければ制度は成立せず，絵に描いた餅になってしまうだろう。財源がなければ，専門的な援助はできず，単なる素人としての善意に基づいた行為（施し・慈善）に留まってしまうだろう。一方，財源（必要な資金）は際限なくあるわけではないため，有限な財源を効果的に利用するためには，同時に計画の策定と目標の設定が不可欠になってくる（第5章参照）。

　財源が確保でき，計画が策定されたとしても，誰がそれを実行するのだろうか。誰が社会福祉事業やサービスの実施主体となる責任をもつのであろうか。

事業やサービスを実施する主体は，①公的機関（行政），②非営利団体（公的団体・民間団体等），③営利団体（民間企業等），④自然発生的集団（ボランティア等）に分けられる。さまざまな実施主体がそれぞれの立場から強みを発揮し連携しながら，複層的にサービスを提供するなかで，利用児・者のニーズに沿った援助や支援が可能になるのである（第6章参照）。

　長期間にわたり，第二次世界大戦以降の社会福祉事業やサービスの実施主体として重要な役割を果たしてきたのが，社会福祉事業法（現・社会福祉法）で位置付けられた社会福祉法人であった。しかし，急速な高齢化による介護ニーズの爆発的な増加や待機児童問題などには，社会福祉法人だけでは対応が難しかったことや一部の社会福祉法人による不正の影響もあり，一定の基準を満たした民間営利団体には社会福祉事業やサービスへの参入が認められはじめている。しかし，福祉多元主義は質の低いサービス供給主体の淘汰を生み出す一方で，状況によっては地域格差等を生み出す危険性もある（第7章参照）。

　多様化するさまざまな福祉の問題には，幅広い知識や技術によって対応できる専門職が求められる時代となっている。しかしながら，問題がより深く専門的になっているため，多様なニーズに応じたそれぞれの領域における専門的な支援が必要である。そのため，時代のニーズに応じて，専門領域ごとでさまざまな専門職が誕生している。そして，各専門職が連携して，総合的かつ包括的なチームケアを行うことが当然の流れになりつつある。つまり，ジェネラル（多様）な視点とグローバル（包括的）な視野をもち，専門的な援助や支援が可能なスペシャリスト（専門職）の存在が不可欠となっている（第8章参照）。

　社会福祉に関する専門職が活躍する保健・医療・福祉・介護・保育・教育などの現場において，さまざまな人と関わり種々の援助をする仕事をヒューマンサービスと呼んでいる。それぞれの現場では，さまざまな生活歴があり多種な課題を抱えた多様な性格の利用児・者が援助や支援を必要としている。そのため利用児・者と信頼関係を構築しニーズをしっかり把握した上で，援助や支援を行わなければ，利用児・者の主体性を尊重できず，満足度は高まらない。利用児・者と信頼関係を構築（専門用語で"ラポール"という）し，ニーズを把握し，主体性を

尊重した質の高い援助や支援を行う際に，非常に効果的な手法がソーシャルワークである。ソーシャルワークの専門職である社会福祉士や精神保健福祉士でなくても，保健・医療・福祉・介護・保育・教育などの現場で活躍するためには，ソーシャルワークの視点を学んでおくことが非常に有用である（第9章参照）。

　福祉機関・施設や事業所等において，援助者である職員と被援助者である利用児・者の関係は対等であると言いながらも，これまで数多くの専門機関や施設・事業所等において抑圧・虐待・詐欺・性犯罪・殺人などの逸脱行為が繰り返されてきた。一部の職員によるものとはいえ，このような行為が後を絶たない状況である。そのため，中立的な立場の機関や第三者が，利用児・者の権利擁護を行い，苦情を受け付ける仕組みが確立している。専門機関や施設に入院・入所している利用児・者が，第三者や外部機関に問題や苦情を発信する機会を保障されるシステム等を確立した上で，質の高いサービスや援助・支援が提供できているかどうかを評価する制度が近年必要とされてきている（第10章参照）。

社会福祉の現状と課題

　社会福祉は大きな転換期を迎えている。1951年に制定された社会福祉の憲法ともいうべき社会福祉事業法は，2000年5月に社会福祉法へと改題され，中身も抜本的に改正された。これまでは，入所型福祉事業中心の措置制度であったが，入所型福祉事業と在宅型福祉事業を中心に据えた契約制度へとフルモデルチェンジされた。法改正のひとつの柱が，「地域福祉推進」であり，大都市への人口移動で失われつつある地縁や相互扶助を復活させようとするものであった。とくに21世紀に入り，障害者や高齢者，低所得者等の独居の要援護者が増加している状況から，孤立やセルフネグレクトを防止し，災害時の支援や援助にも対応すべく，地域ネットワークの再構築を迫られている（第11章参照）。

　これからの日本は少子化に加え多死社会の到来が懸念され，2010年をピークにすでに人口減少社会へと突入している。国立社会保障・人口問題研究所によると，このままの出生率で今後推移すれば，2060年には全人口が8,674万人となると推計されている。さまざまな社会サービスや経済システムを縮小し，全

国各地をコンパクト・シティ（compact city）に転換し，日本全体をコンパクト・ステート（compact state）に変貌させて，人口に見合った形で縮小していく方向性もある。縮小していけばサービスが低下する可能性があり，サービスを維持しようとすれば税金や保険料が上がっていくことになる。どのような道を選択すべきかを早急に検討しなければならない（第12章参照）。

　一方で，人口を維持・増加させていく方向性に舵を切る方法もある。そのためには，少子・少産問題，待機児童問題（保育所，放課後児童健全育成事業）を解決し，家族形態の状況や世帯収入，障害の有無などにかかわらず，子どもを産み育てやすい社会の構築が不可欠である。一方で，晩婚化による不妊治療の増加や高齢出産のリスク等のニーズにも手厚く対応できる制度の確立も不可欠である。つまり，人口を維持・増加させていくためには，複層的で多様なニーズに対応できる支援制度を構築していかなければならない（第13章参照）。

　近年，障害児・者が増加している。それは，高齢者の増加に伴う内臓障害や肢体不自由等の身体障害者の増加，ストレスが増大する社会における精神障害者の増加だけでなく，知的障害者や発達障害者も増加している。それらには，土壌汚染・大気汚染・水質汚染・添加物摂食・農薬使用・薬剤摂取・電磁波など，親が影響を受けることで遺伝子が劣化し，先天的な障害発生に影響を与えるだけでなく，生活環境や生体にも作用し後天的な障害発生にも影響を与えている。さまざまな要因が複雑に絡み合っているとも言われる。障害児・者が増加することで，障害児・者が数の上では少数派から脱却していき，「物理的なバリア」「文化・情報面のバリア」「制度的なバリア」は，徐々に解消できるかもしれない。しかし，「意識のバリア・心のバリア」を取り去ることは非常に難しいだろう。しかし，私たちは，ノーマライゼーションへの社会づくりに挑戦していかなければならない（第14章参照）。

　さらに近年，社会福祉の領域では「グローバリゼーション」が重要なキーワードとなっている。人・物・金・文化・宗教が国境を越えて移動し，ボーダレスな社会に突入しているのである。ヨーロッパやアメリカでは，移民を受け入れたことで，人口減少に歯止めをかけることに成功した一方で，さまざまな

問題や衝突も起こっている。日本でも現在，外国人技能実習生をはじめ，医療・福祉領域の看護職や介護職の不足を補うために，日本とインドネシア，フィリピンおよびベトナムとの間で締結された経済連携協定（EPA）はますます広がりを見せている。また，これまで大きく報道されずタブー視されてきた「多様な性の問題（LGBT）」も表面化され，社会全体で取り組まなければならない問題となっている。一般の人々が踏み込みにくい問題であるからこそ，社会福祉専門職が必要とされるとともに，その力量が試されているのである（第15章参照）。

"温故知新"という言葉があるように，時代が変わっても，大切な心や意志を受け継いでいくことは大変重要である。本書を手に取ったあなたが，何かを感じ，何かを決意し，何らかの行動を始めれば，それは未来の日本社会を変革させていく第一歩となっていくだろう。ぜひとも，あなた自身がこれから何をすべきかを考えて頂きたい（エピローグを参照）。

そして，「社会福祉」に関心をもち，将来福祉の仕事に携わったり，保健・医療・福祉・介護・保育・教育などの領域に従事するための福祉的な視点を養ったり，福祉的援助を必要とする利用児・者と出会った際の援助や支援に活かしたりして頂ければ幸いである。

注

(1) 平凡社（1996）『百科事典マイペディア（新装新訂版）』平凡社。

(2) 国立社会保障・人口問題研究所（2017）「日本の将来推計人口（平成29年4月推計）」（http://www.ipss.go.jp/pp-zenkoku/j/zenkoku2017.asp，2017.7.15）。

参考文献

平凡社（1996）『百科事典マイペディア（新装新訂版）』平凡社。

立花直樹・安田誠人・波田埜英治編（2017）『保育実践を深める相談援助・相談支援』晃洋書房。

杉本敏夫監修，立花直樹・波田埜英治編（2017）『児童家庭福祉（第2版）』ミネルヴァ書房。

横須賀俊司（1993）「『障害者』福祉におけるアドボカシーの再考——自立生活センターを中心に」『関西学院大学社会学部紀要』（67），関西学院大学社会学部，167-176。

第Ⅰ部

社会福祉の意義と役割，
制度と体系

第 1 章

社会福祉の理念と概要

「福祉」ということばを聞いたことがない人はおそらくいないはずである。では，「福祉」や「社会福祉」の意味を問われたとき，どれだけの人がはっきりこたえることができるだろうか。高齢者の介護や障がいがある人たちへの支援をイメージする人もいるだろう。まずは，社会福祉とはどういうものであるのか，その対象や理念を通して理解してもらいたい。

また，実際は身近にあるはずの社会福祉だが，その取り組みは非常に多様で，分かりにくい状況にある。そこで本章では社会福祉の概要について社会保障との関係や実施主体，どのような人が働いているのかといった基本的な内容にふれる。さらに，社会福祉の専門的な援助であるソーシャルワークについても述べている。

これらの内容を通して，私たちの生活と密接なかかわりをもつ社会福祉にまずは関心をもってもらいたい。そして，社会福祉に関するさまざまな内容を学ぶ上での基礎を固めてもらえたらと思う。

1 社会福祉とは何か

私たちの暮らしと社会福祉

日々の暮らしのなかで，社会福祉を感じることのできる場面はどれほどあるだろうか。「人と人が支え合う」「困ったことがあれば助け合う」ことが福祉の原点であるとするならば，大なり小なり私たちは生活のなかで多くの福祉にふ

れているはずである。私たちが考えている以上に社会福祉は日常的なものであることを忘れてはならない。

しかし，本来身近なものであるはずの社会福祉から切り離され，生活上の困難を抱えているものの，誰かの支えや助けを受けることができない，どうすればいいのか分からない人が少なからず存在している。たとえば，子どもの発達や子育てに悩んでいるが相談相手がいない人，突然の病気による寝たきりや車いす生活に困難を抱えている人，さらには自身の性別についての違和感を誰にも相談できずにいる人などである。

同時に，「介護は家族が行うもの」「子育ての責任は親にある」「性別は男女のみである」というような，古くからある価値観に縛られ，身近な人や家族に話せない状況もある。このように，誰にも悩みや不安を相談しない・できないことは本人の責任とは言い切れない部分もある。

少子高齢化の進展をはじめ，変化し続ける社会のなかで生活する私たちは，ときに自分の力だけでは解決することのできない困難や課題と直面することがある。このような状況に陥った際，相談にのったり，必要な支援やサービスを提供したりするもののひとつとして，社会福祉の制度や実践がある。そして，必要な場合は，新たな制度や実践を生み出し，生活を支えていくのである。

社会福祉の概念

社会福祉を定義する前に，「社会福祉」ということばの意味について述べておく。ここで必要なのは，「社会」＋「福祉」の「社会福祉」として理解することである。

まず「社会」とは，自然発生的または意図的に作られた集団，同類の仲間，職業集団を指しているとされている。広くは国や地域を意味し，より身近なものとして職場や学校，友人，家族もあげられる。それぞれの大きさや関わる頻度は違うとしても，そのどれもが「社会」である。

何気なく過ごす毎日も，「私たちの生活はこの『社会』との関係で成り立つ」[1]といえる。そのため，「社会」のなかで起こるさまざまな出来事に関心をもち，

第Ⅰ部　社会福祉の意義と役割，制度と体系

生活のなかで困難が生じた際には，「社会」との関係においてとらえることが重要となる。

　次に「福祉」の意味であるが，「福」も「祉」もどちらも「幸福」を意味することばである。「ふくし」のことばを頭文字にして「ふつうの・くらしの・しあわせ」と表現されることもある。「福祉」は「幸福」を意味し，「生活の安定」や「より良い生活」といった意味を含んだことばである。また，「福」は「幸福」のなかでも積極的幸福を表しており，単に病気や心の不安がないという（消極的幸福）以上に，人間の幸せを向上させるものが加わった状態を意味している。

　簡単にではあるが「社会」と「福祉」のことばの意味について述べてきた。それらをまとめると，「社会福祉」は「国や地域，学校や友人，家族などといった社会における幸せ」を意味している。そしてその対象は，「社会」に属するすべての人たちであり，決して限定された誰かではない。社会福祉は「社会におけるすべての人びとの幸せ」を意味している。

社会福祉とは

　これまで述べたように，社会福祉とは，私たちの生活の身近なものであり，その対象は特定の誰かではなく，すべての人びとである。そのうえで，生活のなかで誰にでも生じうる悩みや困難から，生きにくさや生きづらさを感じている人たちを支援の対象とする。その状況が起こるのは，私たちが所属する国や地域や学校や家族などの「社会」上であり，社会福祉は「社会」における生活をより良くしていくために制度やサービス，実践を通して支援していくことだといえる。

　言い換えれば，社会福祉とは人びとの生活を支えるために法律に定められた制度やそこに規定されたサービス，また社会福祉に関する国や自治体による政策及びそれらを具体的に活用するための実践（ソーシャルワーク）の全体である。これらの内容は多岐にわたり，それぞれの内容を全体的に学ぶことによって社会福祉を理解することができるのである。

第 1 章　社会福祉の理念と概要

2　社会福祉の理念

社会福祉の理念の理解

　社会福祉を理解するうえで，重要なのが「理念」である。理念は価値と同じような意味で用いられることもあるが，理念とは「目指すべき方向性」「根本的な考え方」を示したものである。

　社会福祉が，社会のすべての人たちに対する幸せを支えるものだとして，その実現には制度や実践が必要となるが，同時に「目指すべき方向性」「根本的な考え方」としての理念もなくてはならない。つまり，社会福祉が何を目的として制度や実践があるのか，現在の社会福祉の現状や実践は正しい方向に進んでいるのか，今ある制度のどこに課題があるのかなどを確かめ，ときにふり返るためには，この「理念」が重要な意味をもつ。

　ここでは，その主な概念として人権尊重，ノーマライゼーションとソーシャル・インクルージョン，自立支援について述べる。

人権尊重

　人権とは，人が生まれながらにして当然もっている権利である。この権利は，私たちが私たちらしく生きていくために欠かすことのできないものである。特に社会福祉においての権利とは，日本国憲法に規定されている基本的人権を指し，国民主権，平和主義とともに三大原則のひとつとされている。

　基本的人権に関して，日本国憲法第11条は「国民は，すべての基本的人権の享有を妨げられない。この憲法が国民に保障する基本的人権は，侵すことのできない永久の権利として，現在及び将来の国民に与へられる」と規定している。

　この基本的人権のなかでも，社会福祉の「目指すべき方向性」「根本的な考え」を示すものとして，日本国憲法第25条があげられる。この第25条には，1項に「すべて国民は，健康で文化的な最低限度の生活を営む権利を有する」，また2項には「国は，すべての生活部面について，社会福祉，社会保障及び公

11

衆衛生の向上及び増進に努めなければならない」と規定されている。この第25
条1項では「生存権」を規定しており，誰もがこの日本で生活する限り，人と
して当たり前の生活をする権利をもっていることを表している。

　基本的人権としてもうひとつ押さえておきたいものとして，日本国憲法第13
条がある。「すべて国民は，個人として尊重される。生命，自由及び幸福追求
に対する国民の権利については，公共の福祉に反しない限り，立法その他の国
政の上で，最大の尊重を必要とする」と「個人の尊重」「幸福追求権及び公共
の福祉」が掲げられている。とくに「幸福追求権」に関しては，誰もがそれぞ
れの価値観における幸福を求めることができ，ほかの誰かから決められるもの
ではないことが表されている。この権利が大事であるのは，社会福祉の過去に
目を向けると，社会的に弱い立場にある人たちの幸せの形を，社会福祉側から
押し付けていた反省があるからである。

　しかしながら，誰もが生まれながらに当然もっている基本的な権利であると
同時に，「社会状況によりそれが侵害されている人びとがいること，そして侵
害されているという状況さえもが見えにくくなっている現状を忘れてはならな
い[2]」のであり，社会福祉は常にそのような状況にある人たちに関心をもたなけ
ればならない。

ノーマライゼーションとソーシャル・インクルージョン

　ノーマライゼーションとは，「誰もが差別や排除されることなく，普通に生
活できる社会」の実現を目指した概念である。知的障がい者を大規模施設の劣
悪な環境下で処遇するのが当たり前であった時代，デンマークのバンク＝ミケ
ルセン（Bank-Mikkelsen, N.E.）が新たに提唱したもので，施設環境の改善およ
び一般市民と同様の地域生活の実現を訴えた。

　日本では，1981年の「国際障害者年」以降広まることになる。「国際障害者
年行動計画」には「ある社会からその構成員のいくらかの人びとを締めだす場
合，それは弱くてもろい社会である」と述べられている。つまり，障がいがあ
る人たちを社会から排除し，当たり前に社会のなかで暮らす権利を奪ってきた

第 1 章　社会福祉の理念と概要

反省に立った概念と言える。

　ノーマライゼーションの概念は次に述べる自立支援などの社会福祉における多くの基本的な考え方に影響を与えてきた。そして現在においては，高齢者など社会福祉の支援を必要とする人たちだけでなく，すべての人たちを対象とした概念として用いられる。

　しかし，前節でも述べたように，誰の助けを受けることもできず，社会から「排除」され「孤立」してしまっている状態の人たちがいる。ノーマライゼーションの実現には，この「排除」され「孤立」している状態にある人たちに関心をもたなければならない。

　そこで必要となる概念としてソーシャル・インクルージョンがある。ソーシャル・インクルージョンは「社会包摂」とも言われ，「誰もが社会的に排除されることなく，社会とつながり，社会の構成員として包まれるという考え」[3]を意味している。その実現には，一度は切り離された社会との新たなつながりを生み出し，「排除」「孤立」させない社会を構築していくことが必要となる。

　現代において誰もが安心して自分らしく生活できる社会の実現のためには，ノーマライゼーションの概念が社会のなかで一層理解され，さらにはソーシャル・インクルージョンの考えに沿った実践が必要とされる。

自立支援

　自立した生活とはどのようなものであろうか。その問いに答えるのは単純なことではないであろう。それは，「自立」ということばの捉え方が多様であるからだと考えられる。もっとも想像しやすいのは，成人し親元を離れ，就職後は自身の給料のみで生活するといった経済的な自立である。では反対に，経済的に自立をしていない人は自立していないということになるのだろうか。

　社会福祉やその実践であるソーシャルワークの形成過程を見てみると，他者に頼ることなく自身の力のみで生活を成り立たせること，またそれを目指すことを自立支援のあり方とする考えも存在した。しかしながら，前に述べたノーマライゼーションや障がいがある学生の運動などの影響もあり，自立の捉え方

13

第Ⅰ部　社会福祉の意義と役割，制度と体系

は変化していく。

　1960年代の後半にカリフォルニア大学の身体障がいのある学生が自立生活を目指した運動がよく知られており，これを「自立生活運動（IL 運動）」と呼んだ。この運動のなかで，「他の人の助けを借りて15分で衣服を着て外出できる人は，自分で衣服を着るために 2 時間かかるため外出できない人よりもある意味で自立している」という考え方が示されている。つまり，誰かに頼る（依存する）ことを自立とは異なる考え方とせず，むしろ「他者に頼る（依存する）ことを前提とした自立」「自らの生活や行動を自己決定により選択する自律」を提起したのである。

　私たちは「できることは自分で行う」といった考えを何気なく他者にも求めてしまう。これは社会福祉においても例外ではない。しかし私たちは，どこかに移動する手段としてタクシーや電車を使用し，お腹がすけばコンビニや飲食店などを利用するなど，他者の力を借りて生活している。このように考えると，完全に自身の力のみで生活しているとは言い切れない。そこに存在しているのは，自らの判断により自らの行動を選択，決定するという「自己決定」の考え方である。

　社会福祉における自立や自立支援で重要になるのは，「自己決定」を尊重し，いかに主体的に生きることを支えることができるのか，という点である。誰かの力を借りたとしても，それが自らの責任で判断された，より良く生活するためのものであるとすれば，それは自立（自律）した生活といえるのである。

3　社会福祉の概要

社会福祉と社会保障

　これまで述べてきたように，社会福祉は病気や失業，老齢や障がい，生活困窮など，誰にでも起こりうる困難に対して，私たちの生活を支えるものである。では具体的に，どのような方法で必要な支援を提供するのだろうか。そのひとつとして，社会保障がある。

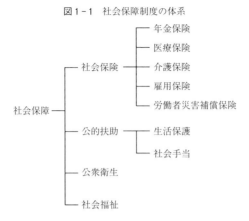

図1-1 社会保障制度の体系

　社会保障とは，私たちの生活の安定化をはかるとともに最低生活を保障する公的な仕組みであり，その制度を社会保障制度という。社会保障制度は図1-1のように社会保険，公的扶助，公衆衛生，そして社会福祉から成り立っている。これらの制度があることで，私たちは病気になったときに安心して病院に行くことができ，高齢になり働けなくなったり障がいをもったりした際には生活を支えてくれる給付を受け，生活の安定を図ることができる。社会保障がセーフティネット（安全網）と表現されるのは，こうした役割を担っているからである。

　このように，公的に私たちの生活を支える社会保障のひとつに社会福祉制度はあり，社会福祉は社会保障の一部であるともいえる。そのため，社会福祉を理解するためには，社会福祉制度だけでなく社会保障全体の理解が必要となるのである。

社会福祉の目的

　社会福祉が制度や実践において目指すべきものの基盤となるのは，前述のとおり日本国憲法第25条および第13条である。私たち1人ひとりが個人として尊重され，それぞれが思い描く幸せを非難されることなく，誰もが最低限の生活を送ることができる社会の実現を目指している。その実現に向けた具体的なも

のひとつとして先に述べた社会保障があるが，当然それだけで十分なわけではない。

　社会状況や対象となる人たちを取り巻く環境の変化などに応じて，社会福祉の目的も発展してきている。そのため社会福祉の目的としてはノーマライゼーションやソーシャル・インクルージョン，自立支援も重要となる。同時に，人間の基本的欲求のもっとも高次なものとしても示される「自己実現」や認知症などの症状により判断能力が十分でない人たちの権利を守るための「権利擁護」の理念も重要視されており，社会福祉の制度と実践において目指されるべきものである。

社会福祉の対象と実施主体

　社会福祉は貧困者を対象とした救済から広がっていったといえる。そして戦後の生活保護法の制定をはじまりとして，児童福祉法，身体障害者福祉法といった福祉3法の時代から精神薄弱者福祉法（現・知的障害者福祉法），老人福祉法，母子福祉法（現・母子及び父子並びに寡婦福祉法）を加えた福祉6法へとその対象を拡大していった。現在では6法に加え，精神保健及び精神障害者福祉に関する法律，発達障害者支援法も制定され，高齢者，障がい者，子ども，低所得者と幅広い対象を規定している。しかしながら，これらの社会福祉制度に規定されている人たちのみが社会福祉の対象というわけではない。

　たとえば，自身の性別に違和感を抱いている人や犯罪の被害者/加害者，HIV/AIDSの人や在日外国人などである。このような人たちは，ときに差別や偏見をもたれやすく，生活上に困難を抱えると同時に生きにくさを感じる可能性が高い。社会福祉だけの対象とは言い切れないが，社会福祉においても，必要な支援を行うとともに，こうした人たちへの関心や理解も重要となる。

　以上のような対象者への社会福祉サービスの実施は，国や地方自治体といった行政を中心に，社会福祉法人や社会福祉の専門職を通して展開されることが基本であった。しかしながら，特に2000年以降，営利を目的とした民間企業の参入などにより社会福祉サービスの実施主体は拡大していくことになる。

第１章　社会福祉の理念と概要

　たとえば，高齢者に対する社会福祉サービスの中心を担う介護保険法などに
定められた給付やサービスは，行政や社会福祉法人だけでなく，民間企業や
NPO（非営利組織）から提供されることも多くなっている。また，これらのよ
うなフォーマル（公的）な実施主体だけでなく，住民組織やボランティア組織，
制度に基づかない NPO 組織といったインフォーマル（私的）なものもあり，
多様な実施主体が連携・協働して社会福祉は取り組まれている。

社会福祉の専門職

　では実際に，社会福祉の現場で働く人たちにはどのような人たちがいるのだ
ろうか。それぞれの場で直接的に対象者と接する人もいれば，間接的に関わる
人もおり，それらを総じて社会福祉従事者と呼んでいる。この社会福祉従事者
は，多岐にわたっており，社会福祉施設で働く人たちの職種を取り上げるだけ
でも生活支援員，生活指導員，母子・児童指導員，職業指導員などさまざまで
ある。ただし，これらの職種に従事する人たちが実際社会福祉の専門職である
かというと，必ずしもそうといえない部分があった。

　そのようななか，1987年に「社会福祉士及び介護福祉士法」が制定され，社
会福祉士や介護福祉士といった国家資格が誕生した。また，1997年には精神保
健福祉士，2003年には保育士が国家資格となり，現在社会福祉における国家資
格は４資格となっている。

　これらの国家資格制定の背景には，社会福祉に関する課題や対象者の抱える
ニーズの複雑化・多様化にともない，より専門的な実践が求められていたこと
がある。それぞれの国家資格取得者が社会福祉の専門職として，医師や看護師，
保健師など他の専門職同様に社会的な認知度を高め，専門性を備えた実践のな
かで活躍することが期待されている。

　しかしながら，まだまだ社会的認知度が低く，名称独占の資格でもあること
から，これらの国家資格所持者でなければ社会福祉に関する仕事ができないわ
けではない。社会福祉の専門職としてさらに専門性を高めていくこと，そして
現在の私たちの生活において必要な実践であると示していくことが必要である。

第Ⅰ部　社会福祉の意義と役割，制度と体系

4　社会福祉の援助（ソーシャルワーク）と生活支援

　近年，「子どもの貧困」ということばをよく耳にするが，これは子どもを含む家族の貧困の問題である。その家族の抱える問題は，失業により収入が得られない，ひとり親家庭にともなう収入減といった金銭的な問題だけでなく，病気等により働きたくても働けない，DV（ドメスティック・バイオレンス），児童虐待などの背景とも絡み，複合的に起こっていることもある。

　こうした問題への支援において重要なのは，問題の原因や責任をその人「個人」のみに見出そうとするのではなく，その人を取り巻く「社会」との関係のなかでとらえるといった，ソーシャルワークの視点である。これまで述べてきたように，私たちは多くの人や場所，地域といった「社会」と関わりながら生きている。この「社会」との接点を見極めながら，一つひとつの問題を整理し，その人らしく，生きがいをもって生活できるように，必要な支援を考えなくてはならない。

　しかしながら，社会福祉制度に基づくサービスが必ずしも万能というわけではない。課題や困難を抱えているにもかかわらず，その対象から漏れてしまったり，あるいは支援内容が不十分であったりすることもある。私たちはこのことを十分に心に留め，必要な人に必要なソーシャルワークのサービスが行き届いているかを常に問いかけていかなくてはならない。そして行き届いていないのであれば，現在の「社会の仕組み」に働きかけ，必要な場合は「新たな仕組み」を生み出すことが求められる。

　日々刻々と変化する社会において，私たちの抱える問題は多様化し，それぞれが複雑に絡み合っている。「子どもの貧困」に見られるように，これまで注目されなかった問題が浮き彫りになることもあるだろう。だからこそ，ソーシャルワークはこうした「社会」の状況を鋭くとらえ，既存の制度や枠組みに縛られることなく，多様な対象への支援を可能とする専門的援助であることが期待される。

18

第 1 章　社会福祉の理念と概要

注
(1)　空閑浩人（2016）『ソーシャルワーク論』ミネルヴァ書房，23。
(2)　大野まどか（2010）「第 5 章　相談援助の理念　その 1 」成清美治・加納光子編
　　著『イントロダクションシリーズ　5　相談援助の基盤と専門職』学文社，78-88。
(3)　空閑浩人（2016）『ソーシャルワーク論』ミネルヴァ書房，30。

参考文献
秋山智久（2000）『社会福祉実践論——方法原理・専門職・価値観』ミネルヴァ書房。
大久保秀子（2010）『新・社会福祉とは何か（第 2 版）』中央法規出版。
岡本民夫・永岡正巳・奈倉道隆編著（2000）『改訂版　社会福祉入門』財団法人放送
　　大学教育振興会。
空閑浩人編著（2009）『ソーシャルワーク入門——相談援助の基盤と専門職』ミネル
　　ヴァ書房。
空閑浩人（2016）『ソーシャルワーク論』ミネルヴァ書房。
社会福祉士養成講座編集委員会編（2009）『相談援助の基盤と専門職（第 2 版）』中央
　　法規出版。
成清美治・加納光子編著（2010）『イントロダクションシリーズ　5　相談援助の基盤
　　と専門職』学文社。
椋野美智子・田中耕太郎（2001）『はじめての社会保障　福祉を学ぶ人へ（第13版）』
　　有斐閣アルマ。
古川孝順（2009）『社会福祉原論（オンデマンド版）』誠信書房。
山縣文治・柏女霊峰（2000）『社会福祉用語辞典（第 9 版）』ミネルヴァ書房。

読者のための参考図書
椋野美智子・田中耕太郎（2001）『はじめての社会保障　福祉を学ぶ人へ（第13版）』
　　有斐閣アルマ。
　　——難しく感じる社会保障制度について，読み手に語りかける形で，身近な事例を
　　とりあげながら分かりやすくまとめられている。
木下大生・後藤広史・本田勇他『ソーシャルワーカーのジリツ　自立・自律・而立し
　　たソーシャルワーカーを目指すソーシャルワーク実践』生活書院。
　　——社会福祉の実践について知ることができ，同時に社会福祉やソーシャルワーク
　　のあり方についてさまざまな角度から検討することができる。

19

第 2 章

社会福祉の歴史的変遷

　本章では，まずイギリスとアメリカの歴史を俯瞰する。イギリスは福祉国家
が誕生した国，アメリカは比較的自助原理が強い国である。この２か国の歴史
を確認後，わが国の歴史を見る。他国と比較して見ることで，より一層，わが
国の社会福祉の特徴が見えてくるであろう。

1　海外の福祉の歴史

イギリスの歴史

　中世，キリスト教国における貧民の救済は，宗教的慈善（チャリティ）とし
て行われていた。イギリスではこれと同時に，ギルドという助け合いのシステ
ムも存在していた。14世紀頃から，キリスト協会の教区が行政的機能を持ち始
め，1601年，エリザベス救貧法が作られた頃には，この教区が救貧の単位に
なった。

　17世紀の市民革命により，王制は崩壊し，議会が権力をもつようになった。
議会は，貧民救済において，ワークハウス（労役場）で能力ある貧民を働かせ，
自らの救済費を稼がせようと考えた。当時，貧民はだらしなく，浮浪者は危険
な者とみなされていたため，これは画期的な考え方で，「貧民の有利な雇用論」
と呼ばれた。

　18世紀には産業革命等により，経済格差が生まれ，貧民が増加した。その一
方，エリザベス救貧法による救済は安易で，貧民が自助努力をする機会を奪っ

ているという批判が高まった。これらの批判を受けて，1834年には新救貧法が成立し，救済は大きく抑制された。

この時代，多くの民間による慈善活動が行われていたため，慈善団体の連絡・調整・協力などを目的とする慈善組織協会（COS）が1869年に発足した。

1884年，世界初のセツルメントであるトインビーホールが設立される。この頃，貧困は貧民個人の問題ではなく，労働者階級の問題ではないかという考え方が生まれ始めた。また，19世紀末から20世紀初頭にかけて，ロンドンやヨークで貧困調査が行われ，予想以上の貧民の数が把握されたことから，貧困は個人の責任というより，社会改良で対応すべきではないか，という考えをもつ者が少しずつあらわれ始めた。20世紀初頭には，ウェッブ夫妻（S. & B. Webb）がそれまでの救貧政策を批判し，新たに防貧の思想に基づくナショナルミニマム論を展開した。しかしまだ世間では，貧困は個人の問題であり，防貧の必要はないという認識が強かった。

1929年の世界大恐慌が引き起こした世界的な大不況は，この認識が大きく変革するきっかけになった。失業や貧困などに対して，国家が積極的な役割を果たす必要性があると認識されたのである。このような背景のもと，1942年「ベバリッジ報告」が出され，イギリスは「ゆりかごから墓場まで」と言われる世界初の福祉国家体系を作り上げた。

アメリカの歴史

アメリカは労働力も土地も豊富で，自由な開拓者達の国である。こうした文化における救貧は，まず病人や寡婦，障害者などを対象とした救貧法を制定することから始まった。

19世紀前半の独立革命の頃，景気の変動により失業者が出始める。しかしアメリカもイギリスと同じく，貧困は個人の責任と考えるところが大きかった。

1877年，バッファローにアメリカ初の慈善組織協会（COS）ができ，1886年にはアメリカ初のセツルメントであるネイバーフッドギルドができた。その後，COSとセツルメントは全国に広がっていく。セツルメントやCOSで積み重ね

第Ⅰ部　社会福祉の意義と役割，制度と体系

られた援助の技術が次第に体系化され，20世紀初頭には各地に社会事業学校が設立されるようになった。のちにケースワークの母と呼ばれるリッチモンド（M. E. Richmond）は，1917年に『社会診断』を，1922年に『ソーシャル・ケース・ワークとは何か』を著した。

　1929年の世界恐慌は，イギリスと同じく，アメリカにも大きなショックを与えた。もともと自助原理が強い国であるが，個人的な努力や責任ではどうすることもできないことがあるということが強く認識された。ルーズベルト大統領はニューディール政策をもってこれに対応した。

　1950年代から60年代にかけて，キング牧師らによる公民権運動などにより，人種問題や民族問題，そこから派生する貧困問題がアメリカに広く存在することが認識され，貧困を撲滅するためのプログラムが組まれた。

　1965年には，現在も続くアメリカの公的医療保険制度であるメディケイドとメディケアが創設された。

　近年ではオバマ大統領が国民皆保険を狙ってオバマケアと呼ばれる医療保険制度改革に取り組んだが，医療保険制度加入の義務付けやメディケイドの拡大に対する国民からの不満は大きい。この国の自由を尊重する姿勢と，自己責任・自助の伝統の強さが感じられる。

2　太平洋戦争終結以前のわが国の歴史

近代以前の相互扶助と施し

　古代の社会において，人々は相互扶助的なつながりの中で生活してきた。このつながりは，わが国においては室町時代から形成された封建制の土台となり，江戸時代には「五人組」として制度化もされた。

　これに加えて宗教的な思想から，こころざしをもって慈善活動をする者も多くいた。わが国では，聖徳太子や行基，和気広虫，忍性，日蓮などがいる。また，キリスト教の布教に来日したフランシスコ・ザビエルやルイス・アルメーナなども活発に慈善救済を行った。

江戸時代には，七分積金の法が備荒制度として作られた。幕府は大名や藩等を対象とした金品の貸し付けや，窮民教育所の設立などを実施した。

明治時代の慈善活動と感化救済事業

明治時代に入ると，土地の制度や税制が大きく改正され，人びとの生活も大きく変わった。とくに人口の約8割を占めていた農民・農家においては，一部地主のもとに土地が集中する一方，多くの農民が生活苦に陥った。

この状況に対して，政府はさまざまな対策を打ち出した。その代表的なものが，1874年の「恤救規則」である。この制度は，以後50年以上わが国唯一の公的扶助システムとして存在していたが，救済された者の数は大変少なかった。利用に先立って「人民相互ノ情誼」，つまり人々の相互の助け合いがなされることが前提にあり，誰にも頼れない「無告ノ窮民」にのみ救済を行う，という強い制限があったためである。

この時代，世の中にあふれる窮民の惨状を目にした民間の篤志家が，さまざまな慈善事業を行った。岩永マキとド・ロ神父は孤児の救済に尽力し，この活動はのちに浦上養育院となった。感化教育の分野では，池上雪枝や高瀬真卿が有名である。

この頃，わが国の新たな産業として製糸業や紡績業等が始まった。工場で働く労働者の数も爆発的に増加したが，彼らの労働環境は劣悪であり，大きな社会問題になった。

農村でも都市でも生活に苦しむ人びとが増加し，全国的な社会問題になっていく。明治時代中期から末期にかけて，篤志家の活動はさらに盛んになった。

児童保護分野では，石井十次の岡山孤児院や，小橋勝之助の博愛社が有名である。感化教育の分野では，留岡幸助が家庭学校を設立，障害児の分野では，石井亮一が滝乃川学園を，脇田良吉が白川学園を設立した。

日清・日露戦争を経て，わが国は帝国主義を強化していく。このような時代背景における救済政策は，感化救済事業という形をとることとなった。つまり，まずは家族や共同体の相互扶助を第一に頼るべきで，救済事業はあくまでも国

第Ⅰ部　社会福祉の意義と役割，制度と体系

家の「お恵み」としてあり，公利公益のための政策として存在していたのである。

大正時代から戦時期までの社会事業と厚生事業

　大正時代に入ると，社会的な不平等は一層深刻になり，各地に米騒動等の多くの社会運動が起こった。この社会不安に対応すべく，1917年には岡山で済世顧問制度が，1918年には大阪で方面委員制度ができた。特に方面委員制度はその有用性が評価され，またたく間に全国に広がった。現在の民生委員制度の前身となっている。

　1920年代には貧困問題はピークに達した。折しも各地で行われていた労働者に関する調査の結果や大正デモクラシーの影響を受け，貧困を個人の責任ではなく社会の責任と見る考え方が生まれ，それまでにはなかった「社会事業」という用語が公に用いられるようになった。恤救規則の制限的な救済にも批判が集まり，これに代わる制度として1929年「救護法」が制定された。

　長らく続く不景気に対し，軍部では満州を植民地化して，この危機を乗り越えようという動きが強まった。こうして満州事変が起こり，日中戦争，太平洋戦争へとつながっていった。

3　太平洋戦争終結以後のわが国の社会福祉の歴史

終戦直後から1970年代まで

　1946年，GHQ は「社会救済に関する覚書（SCAPIN 775）」により，社会救済においては，①無差別平等の原則，②公的責任の原則，③公私分離の原則，④必要充足の原則，を守るよう日本政府に対して指示した。これに従い，1946年「（旧）生活保護法」が制定されたが，戦前の考え方を拭いきれない内容であった。1947年に「日本国憲法」が制定された後，憲法の趣旨を踏まえて，改めて1950年に「生活保護法」が制定された。

　1947年には「児童福祉法」が制定された。戦前の子どもを対象とした法律は，

不良行為がある等何らかの保護を要する子どものみを対象としたものであったが，この法律は「18歳以下のすべての者」を対象としたという点で，画期的である。

1949年には「身体障害者福祉法」が制定される。身体障害者に対して，それまでのような救貧を中心とした支援ではなく，必要な訓練や補装具の支給等，障害者自身が社会活動能力を発揮できることを旨として作られた。

戦後の混乱を鎮めるためにまず出されたこの「生活保護法」「児童福祉法」「身体障害者福祉法」からなる福祉体制は，福祉3法体制と呼ばれている。また，1951年には「社会福祉事業法（現・社会福祉法）」が制定され，社会福祉事業に関する基本的なルールが示された。

1950年代の朝鮮戦争後の不況を乗り越え，日本は高度経済成長期に入る。国全体が年々豊かになる一方，地縁・血縁の希薄化，交通事故の増加等，国民の生活基盤が大きく変化した時期でもある。1958年の厚生白書では「国民の上位あるいは中位の階層に属する人々の生活が着実に向上しつつある反面において，一部の下位の所得階層に属する人人の生活が停滞し，次第に復興の背後に取り残され」，国民に大きな所得格差が生まれたとしている。これらを踏まえ，現在まで続くような法制度の基盤整備がなされた。とくに，1958年に「国民健康保険法」が，1959年に「国民年金法」が成立し，ともに1961年に施行されたこと（国民皆保険・皆年金体制の成立）は大変重要である。

また，1960年に「精神薄弱者福祉法（現・知的障害者福祉法）」が，1963年には「老人福祉法」が，1964年には「母子福祉法（現・母子及び父子並びに寡婦福祉法）」が成立し，それまでの福祉3法とあわせて福祉6法体制が整った。

1973年4月，政府は老人福祉法を改正し，老人医療費を全国的に無料化した。医療や年金についても支給額を上げ，新たな助成制度も作った。この「福祉元年」と称えられた思い切った制度改正のわずか半年後の10月，第4次中東戦争によりオイルショックが起こる。高度経済成長期は終わりを迎えた。

第 I 部　社会福祉の意義と役割，制度と体系

1970年代から1980年代まで

1974年以後，失業者が大量に発生し，生活保護の受給者が増大，社会不安が広がった。福祉分野についても，それまでのような税収に頼ったシステムの運用が難しくなりつつあった。1970年代後半頃から「日本型福祉社会構想」が提唱されはじめ，コミュニティの重要性が強調されるようになった。1983年には，市町村・特別区の社会福祉協議会が法制化された。地域福祉が充実するためには，地域に多くの福祉の専門職が必要である。そこで1987年「社会福祉士及び介護福祉士法」が成立し，国家資格をもつ専門職を養成するシステムが整えられた。

この他，1981年の国際障害者年にあわせてノーマライゼーションの思想が広まったことも，障害者福祉の地域生活，ひいては地域福祉を考えるひとつの契機となった。

1990年代から2000年まで

1989年3月，福祉関係三審議会合同企画分科会から「今後の社会福祉のあり方について」が提出された。市町村の役割重視，在宅福祉の充実，民間福祉サービスの健全育成等についての意見をまとめたものである。これを踏まえ，1990年には「老人福祉法等の一部を改正する法律」が成立，いわゆる社会福祉関係8法改正が行われた。

少子高齢化対策に政府が本腰を入れ始めたのは，1990年代である。1989年にすでに「高齢者保健福祉推進十か年戦略（ゴールドプラン）」が出されていたが，1990年，前年の合計特殊出生率が1.57という低い値になったことが判明し，全国民的に少子高齢化に対する切迫した危機感が感じられるようになった（1.57ショック）。1994年には「21世紀福祉ビジョン——少子高齢化に向けて」が発表され，同年「エンゼルプラン」と「新ゴールドプラン」が提言された。以後，現在に至るまで，さまざまな対応策が出されている。

またこの時期，障害者分野にも大きな変化があった。1993年「心身障害者対策基本法」が「障害者基本法」に改正され，初めて精神障害者が障害者として

認められた。1995年には「精神保健法」が「精神保健及び精神障害者福祉に関する法律」に改正され，それまで保健医療分野の範疇であった精神保健に新たに福祉の要素が加えられた。

当時の社会福祉制度の根本的な構造や考え方は，戦争直後からあまり変わっていなかった。しかし，少子高齢化や家庭機能の変化，低成長経済などを背景に，福祉ニーズが大きく変化していることは明らかであった。実際に，1997年には「介護保険法」が成立し，「児童福祉法」の大きな改正が行われていた。社会福祉のあり方そのものを抜本的に見直す必要を感じる時期に来ていた。

1998年，「社会福祉基礎構造改革について（中間まとめ）」が公表された。これには，改革する基本的方向として，サービスの利用者と提供者の対等な関係の確立（措置から契約へ），個人の需要の多様化，地域での総合的な支援，多様なサービス提供主体の参入，サービスの質と効率性の向上，事業運営の透明性の確保，住民による福祉文化の創造などが示されていた。これを受けて2000年には，「社会福祉事業法」が「社会福祉法」に改正された。

2000年以降から現在まで

1990年代頃から虐待による死亡事例や家庭内暴力事件が連日メディアを賑わし，これらが社会問題として認識されるようになった。2000年には「児童虐待の防止等に関する法律」，2001年には「配偶者からの暴力の防止及び被害者の保護等に関する法律」，2005年には「高齢者虐待の防止，高齢者の養護者に対する支援等に関する法律」が成立した。

2005年には「障害者自立支援法」が成立，翌2006年には施行された。2006年には「障害者の権利に関する条約」が国連で採択され，わが国は2007年にこの条約に署名後，批准を目指して法制度を整備した。2011年「障害者虐待の防止，障害者の養護者に対する支援等に関する法律（障害者虐待防止法）」が制定され，2012年には「障害者自立支援法」が改正され，「障害者の日常生活及び社会生活を総合的に支援するための法律（障害者総合支援法）」になった。2013年には「障害を理由とする差別の解消の推進に関する法律（障害者差別解消法）」が成立

第Ⅰ部　社会福祉の意義と役割，制度と体系

表2-1　近代以降のわが国の社会福祉の歴史

○戦前の社会福祉制度
　1875年　恤救規則（「人民相互ノ情誼」が前提，「無告ノ窮民」のみが対象）
　1918年　方面委員（現在の民生委員制度につながる制度）
　1929年　救護法（救護を国の義務とした）
　　　　　〈第二次世界大戦終結〉
○戦後復興の始まり〜福祉3法体制
　1946年　（旧）生活保護法（国民に保護請求権はない）
　　　　　日本国憲法
　1947年　児童福祉法（すべての18歳未満を対象）
　1949年　身体障害者福祉法
　1950年　生活保護法（生存権の保障を明確化）
　　　　　〈福祉3法体制〉
　1951年　社会福祉事業法
○高度経済成長期〜福祉6法体制と制度の拡充
　1958年　国民健康保険法
　1959年　国民年金法
　1960年　精神薄弱者福祉法（現・知的障害者福祉法）
　　　　　〈1961年　国民皆保険・皆年金体制がスタート〉
　1963年　老人福祉法
　1964年　母子福祉法（現・母子及び父子並びに寡婦福祉法）
　　　　　〈福祉6法体制〉
　1973年　老人医療費　無料化
　　　　　〈1973年4月　福祉元年→10月　オイルショック〉
○日本型福祉構想〜地域福祉への着目
　1983年　市町村・特別区　社会福祉協議会　法制化
　1987年　社会福祉士及び介護福祉士法
　1989年　ゴールドプラン
○福祉制度の変革〜少子高齢化に向けて
　　　　　〈1.57ショック〉
　1990年　社会福祉関係8法　改正
　1994年　21世紀福祉ビジョン（これをもとに新ゴールドプランとエンゼルプランが策定）
　1995年　障害者プラン
　1997年　介護保険法
○福祉ニーズの普遍化と多様化〜社会福祉基礎構造改革
　1998年　社会福祉基礎構造改革について（中間まとめ）
　2000年　社会福祉事業法→社会福祉法へ
　　　　　〈措置から契約へ　住民による地域福祉の推進　など〉
　　　　　介護保険制度　スタート
　　　　　児童虐待の防止等に関する法律
　2001年　配偶者からの暴力の防止及び被害者の保護等に関する法律
　2004年　発達障害者支援法
　2005年　障害者自立支援法
　　　　　高齢者虐待の防止，高齢者の養護者に対する支援等に関する法律
　2011年　障害者虐待の防止，障害者の養護者に対する支援等に関する法律
　2012年　障害者自立支援法→障害者の日常生活及び社会生活を総合的に支援するための法律へ
　　　　　子ども・子育て関連3法
　2013年　障害を理由とする差別の解消の推進に関する法律
　　　　　生活困窮者自立支援法
　2015年　子ども・子育て新制度　スタート
○持続可能な福祉サービスのあり方〜地域共生社会を目指して
　2015年　新福祉ビジョン
　2016年　ニッポン一億総活躍プラン
　　　　　「我が事・丸ごと」地域共生社会実現本部　設置

した。これらの過程を経て，2014年，わが国は「障害者の権利に関する条約」に批准した。

子育て支援関係では，2012年にすべての子どもと子育て家庭を総合的に支援するため「子ども・子育て支援法」「就学前の子どもに関する教育・保育等の総合的な提供の推進に関する法律の一部を改正する法律」「子ども・子育て支援法及び認定こども園法の一部改正法の施行に伴う関係法律の整備等に関する法律」の，いわゆる子ども・子育て関連3法が成立，これに基づいた「子ども・子育て新制度」が2015年からスタートした。

2000年代に入った頃から，それまであまり社会福祉の対象とされていなかった人びとに対する福祉制度が次々と作られていった。2002年には「ホームレスの自立の支援等に関する特別措置法」が，2004年には「発達障害者支援法」が成立した。2009年には「子ども・若者育成支援推進法」が制定され，若者の支援が法制化された。2013年には「子どもの貧困対策の推進に関する法律」や「生活困窮者自立支援法」が成立した。

これらは国民の生活問題が多様化したことだけでなく，それらが複合的に，複雑に絡み合っているケースが増加し，既存の福祉サービスだけでは対応しきれなくなってきたことのあらわれともいえる。

2000年代後半からわが国の総人口，とくに労働力人口が減少傾向にあり，福祉サービスの持続可能性が課題として認識され始めてきた。この現状を踏まえ，2015年9月，「誰もが支え合う地域の構築に向けた福祉サービスの実現——新たな時代に対応した福祉の提供ビジョン（新福祉ビジョン）」が提示された。「地域住民の参画と共同により，誰もが支えあう共生社会の実現」を目指し，「全世代・全対象型地域包括支援体制」を構築することが目的とされた。

今後の社会福祉について

2016年6月，「経済財政運営と改革の基本方針2016について」および「ニッポン一億総活躍プラン」が出された。「希望を生み出す強い経済」「夢をつむぐ子育て支援」「安心につながる社会保障」の「新・三本の矢」により，それぞ

第Ⅰ部　社会福祉の意義と役割，制度と体系

れ「GDP 600兆円」「希望出生率1.8の実現」「介護離職ゼロ」の実現を目的として，働き方改革と生産性向上という課題に取り組んでいくことで，成長と配分の好循環を目指すとした。

　これらの実現に向けて，とくに福祉分野の具体策の検討を加速化させるため，2016年7月に「我が事・丸ごと」地域共生社会実現本部が設置された。設立の趣旨には「福祉は与えるもの，与えられるものといったように，「支え手側」と「受け手側」に分かれるのではなく，地域のあらゆる住民が役割を持ち，支え合いながら，自分らしく活躍できる地域コミュニティを育成し，公的な福祉サービスと協働して助け合いながら暮らすことのできる「地域共生社会」を実現する必要がある」[2]とされた。今後のわが国の社会福祉の方向性を考える上で「地域共生社会」は重要なキー概念となるであろう。

注

(1)　厚生省「厚生白書　昭和31年度版」（http://www.mhlw.go.jp/toukei_hakusho/hakusho/kousei/1956/dl/03.pdf）。

(2)　第1回「我が事・丸ごと」地域共生社会実現本部（2016）資料1「「我が事・丸ごと」地域共生社会実現本部について」（http://www.mhlw.go.jp/file/05-Shingikai-12601000-Seisakutoukatsukan-Sanjikanshitsu_Shakaihoshoutantou/0000134707.pdf）。

参考文献

岡本栄一・岡本民夫・高田真治（1992）『社会福祉原論』ミネルヴァ書房。

菊池正治・清水教惠・田中和男・長岡正己・室田保夫（2014）『日本社会福祉の歴史　付・史料——制度・実践・思想（改訂版）』ミネルヴァ書房。

厚生労働省（2012）『平成24年版厚生労働白書』。

小山路男（1978）『西洋社会事業史論』光生館。

柴田善守（1985）『社会福祉の史的発展——その思想を中心として』光生館。

乳原孝（2013）「イギリス近世における貧民雇用論——マシュー・ヘイルとワークハウス」『京都学園大学経営学部論集』第23巻第10号。

室田保夫編著（2006）『人物でよむ近代日本社会福祉のあゆみ』ミネルヴァ書房。

第2章　社会福祉の歴史的変遷

山縣文治・柏女霊峰編（2010）『社会福祉用語辞典（第8版）』ミネルヴァ書房。

山田美津子・稲葉光彦（2010）『社会福祉を学ぶ』みらい。

内閣官房一億総活躍推進室（2016）「ニッポン一億総活躍プラン」（http://www.kantei.go.jp/jp/singi/ichiokusoukatsuyaku/pdf/plan1.pdf）。

経済財政諮問会議（2016）「経済財政運営と改革の基本方針2016について」（http://www5.cao.go.jp/keizai-shimon/kaigi/cabinet/2016/2016_basicpolicies_ja.pdf）。

読者のための参考図書

菊池正治・清水教惠・田中和男・長岡正己・室田保夫（2014）『日本社会福祉の歴史　付・史料——制度・実践・思想（改訂版）』ミネルヴァ書房。

　——近代国家の慈善事業から現代の社会福祉について網羅された1冊。資料や年表が大変充実している。

稲垣公一・岩崎晋也（2014）『社会福祉をつかむ（改訂版）』有斐閣。

　——単なる入門書にとどまらず，「なぜそうなっているのか，本質は何か」というところまで，一歩踏み込んだ文章で書かれており，興味深い。

第3章

基本的人権と社会福祉

　本章では，人びとの暮らしの根本に関わる基本的人権について理解を深めていくこととする。基本的人権は歴史的な発展とともに，市民が長い年月をかけて獲得してきたものである。そして，今後も恒久的にはく奪されることがあってはならないものである。これらを保障している国際条約や宣言，日本国憲法の内容や行政の仕組み，専門職が果たす役割や支援の視点について学んでいくこととする。専門職は，支援を必要としている者の生活課題に着目し，その解決及び軽減する実践をしていく。しかし，その前提として基本的人権に基づいた支援であることを認識しなければならない。とくに，基本的人権を侵害されやすい立場ととらえられるマイノリティ（社会的少数者）に対する支援の重要性について学び，専門職としての意識を高められるようにしていく。まとめとして，基本的人権は「擁護」されるものから「主体的な権利」へと位置付けていくという支援の視点について学んでほしい。

1 社会福祉からとらえた基本的人権

基本的人権のはじまり

　私たちが生まれながらにしてもつ基本的人権は市民が自ら獲得してきた歴史をもつ。基本的人権の思想が謳われたのは，社会思想として人間の尊厳を意識し始め，国家権力との対比の中で登場してきた「マグナ・カルタ（大憲章）」であると考えられることが多い。これは，1215年にイギリスで当時の国王ジョン

に対し封建貴族らが団結して国王の権力を大幅に制限する文書を出し，署名させたものである。内容は，不当な逮捕，承認のない課税を許させないというもので，63か条の条文から構成されている。しかし，この「マグナ・カルタ（大憲章）」は市民すべてのための権利ではなく，あくまで貴族に限られたものであった。

　日本における「人権」は明治時代に制定された「大日本帝国憲法」に存在していた。しかし，当時は天皇からの恩恵で与えられるという考え方であり，天皇の大権により容易に制限を受けることや，法律においても制限されることがあった。そのようななか，第二次世界大戦後に連合国軍総司令部（GHQ）主導のもと草案された日本国憲法において「人権」は「基本的人権」として示された。この基本的人権は，人が生まれながらに有し，恒久的で不可侵なものとして位置付けられたことは特筆すべきことである。

基本的人権をめぐる理論的な解釈

　基本的人権について定義することは難しいが，『人権用語辞典』（2001）によれば「人間の固有の尊厳を守るために，国家を法的に強制しうる要求，または資格という定義が一般的である。“特権”または“権限”ともいわれる。個々人が有する個人的権利しか人権と認めない立場と，個人の集団が集合的に保持する権利も人権の一部とみなす立場がある」と説明される[1]。

　社会福祉における基本的人権は，「個人としての尊厳」「個人の尊重」が基盤に据えられ，支援の根幹とされる。この文言は，日本国憲法にも掲げられており，基本的人権の本質であるとも言われる。これらを同一とみなすのか異なるものととらえるのかは憲法学などにおいても議論されているところであるが，本章では社会福祉の実践から基本的人権をとらえることを主軸とするため，別途参考にされたい。これらを踏まえ，本章においては一般的に呼称する人権のことを「基本的人権」とする。

第 I 部　社会福祉の意義と役割，制度と体系

基本的人権に係る国際条約，宣言

　基本的人権の条約や宣言は各国の取り組みを超えて国連が積極的に取り組んできた。特に，基本的人権の歴史の中で現在でもその理念に基づき考えられているものが1948（昭和23）年に第3回国連総会において採択された「世界人権宣言」である。この宣言は，前文と30か条からなり，すべての人民とすべての国に共通の達成すべき基準を定めている。この宣言の第1条には「すべての人間は，生まれながらにして自由であり，かつ，尊厳と権利とについて平等である」と規定されている。人の生命や人権が国家と政治的文脈のなかで簡単に侵される状況を踏まえ，国家の単位を超えて国連によってつくられたものである。これは，基本的人権の国際化のはじまりでもあり，世界共通の人権の宣言といえる。「世界人権宣言」が現代社会において果たしている役割は大きく，基本的人権の理念がグローバル化し，また，子ども，障害者，高齢者等の個別的な条約等に発展していく。

　しかしながら，この世界人権宣言は，「宣言」であり，世界各国に対する法的な拘束力はもっていなかった。それゆえ実効性に乏しい側面があった。その後，1949（昭和24）年から国連人権委員会が，この宣言の内容を条約として発効しようと動き始めた。この「世界人権宣言」をはじめ，後の「国際人権規約」（1966年国連採択，日本は1979留保つき批准），「女子差別撤廃条約」（1979年国連採択，日本は1985年批准），「児童の権利に関する条約」（1989年国連採択，日本は1994年批准），「高齢者のための国連原則採択」（1991年）等が規定される契機となった。そして，国際的な人権に関する集大成として「ウィーン宣言及び行動計画」が1993年に世界人権会議により採択され宣言された。ここでは「すべての人にすべての人権を」というスローガンが示された。さらにその後，「障害者の権利に関する条約」（2006年国連採択，日本は2014年批准）が定められた。こうして20世紀中盤から21世紀初頭にかけて国際的な条約や宣言等が定められてきた経緯があることは理解しておきたい（表3-1）。

第3章 基本的人権と社会福祉

表3-1 戦後の社会福祉と人権にかかわる年表

1946（昭和21）年	（旧）生活保護法❶（戦後引揚者対策）←恤救規則，救護法
	日本国憲法公布（1947年5月3日施行）←大日本帝国憲法（1890年）
1947（昭和22）	児童福祉法❷（戦後浮浪児，孤児対策）
1948（昭和23）	**国連　世界人権宣言採択**
1949（昭和24）	身体障害者福祉法❸（戦傷者対策）
1950（昭和25）	（新）生活保護法←（旧）生活保護法（貧困者全般，生存権保障）
	精神衛生法←精神病者監護法（1900年），精神病院法（1919年）
1951（昭和26）	社会福祉事業法（→2000年社会福祉法）
1952（昭和27）	**国連　婦人の参政権に関する条約**
1957（昭和32）	朝日訴訟
1959（昭和34）	国民年金法成立（国民皆年金体制確立）
1960（昭和35）	精神薄弱者福祉法（→現・知的障害者福祉法❹）
1961（昭和36）	国民皆医療保険体制成立
1963（昭和38）	老人福祉法❺
1964（昭和39）	母子福祉法（→現・母子及び父子並びに寡婦福祉法❻）
1965（昭和40）	改正精神保健衛生法（ライシャワー事件の影響）
	同和対策審議会答申
1966（昭和41）	**国連　国際人権規約採択**（1976年発効）（日本1979年留保つき批准）
1969（昭和44）	同和対策事業特別措置法
1973（昭和48）	老人医療費公費負担制度により「福祉元年」とされる
1979（昭和54）	**国連　女子差別撤廃条約採択**（日本1985年批准）←1967年女性差別撤廃宣言
1987（昭和62）	社会福祉士及び介護福祉士法
	精神保健法（←精神衛生法）
1989（平成1）	**国連　児童の権利に関する条約採択**（日本1994年批准）
	ゴールドプラン（高齢者保健福祉推進十か年戦略）
1990（平成2）	福祉8法改正
1991（平成3）	**国連　高齢者のための国連原則採択**
1993（平成5）	**ウィーン宣言及び行動計画**
1995（平成7）	精神保健及び精神障害者福祉に関する法律（←精神保健法）
1997（平成9）	精神保健福祉士法制定，介護保険法成立（2000年施行）
2000（平成12）	社会福祉法成立（社会福祉事業法の改正），「社会福祉基礎構造改革」
	児童虐待の防止等に関する法律
2001（平成13）	配偶者からの暴力の防止及び被害者の保護等に関する法律（DV防止法）
2004（平成16）	発達障害者自立支援法成立（2005年施行）
2005（平成17）	障害者自立支援法成立（→2013年障害者総合支援法）
	高齢者虐待の防止，高齢者の養護者に対する支援等に関する法律成立（2006年施行）
2006（平成18）	**国連　障害者権利条約採択**（日本2014年批准）
2007（平成19）	北九州市餓死事件
2011（平成23）	障害者虐待の防止，障害者の養護者に対する支援等に関する法律

注：太字は国際的な条約を示す。また，語尾の丸つき数字のうち，❶～❻は，社会福祉6法を指す。
出所：木原活信（2014）『社会福祉と人権』ミネルヴァ書房，164，一部改編。

35

第Ⅰ部　社会福祉の意義と役割，制度と体系

日本国憲法における基本的人権

　日本国憲法は「国民主権」「基本的人権の尊重」「平和主義」の３原則を定めており，これに基づき法律が整備されている。日本国憲法は，1946（昭和21）年11月３日に公布，翌年５月３日に施行された。これは，国家が国民の生活と権利を守る義務を定めている。すなわち，国家権力を制限して，国民の自由と権利を保障するものである。よって，日本国憲法に反する法律や条例などは認められていない。日本国憲法の「基本的人権の尊重」の理念は，社会保障制度，社会福祉実践の取り組みの根幹的な位置づけとなる。法のなかでも，最高法規である日本国憲法が基本的人権を保障しているという点は，私たち専門職にとって忘れてはならないものである。

　日本国憲法第11条では「国民は，すべての基本的人権の享有を妨げられない。この憲法が国民に保障する基本的人権は，侵すことのできない永久の権利として，現在及び将来の国民に与へられる」として，基本的人権の固有性，永久不可侵性，普遍性を規定している。また，同第13条には「すべての国民は，個人として尊重される。生命・自由及び幸福追求に対する国民の権利については，公共の福祉に反しない限り，立法その他の国政の上で，最大の尊重を必要とする」と定められ，「個人の尊重」と公共の福祉を明文化している。さらに，同第25条は「すべて国民は，健康で文化的な最低限度の生活を営む権利を有する。②国は，すべての生活部面について，社会福祉，社会保障及び公衆衛生の向上及び増進に努めなければならない」としている。これらをみても分かるように，基本的人権は，生まれながらにしてもっている固有性，侵されないという不可侵性，人であればあらゆる者がもっているという普遍性の性格を有している。

　ここで重要なことは，基本的人権はただ理想として掲げればよいのではなく，法的に保障する必要があるということだ。さらに，基本的人権は，日本国憲法をはじめ各種社会保障制度等によって具現化する必要があり，それを達成するために重要な役割を果たすのが専門職である。社会福祉の支援に取り組むにあたりその基盤としてこれら基本的人権が位置づけられているということを改めて理解しておきたい。

「基本的人権の課題」に対する国民の意識

内閣府は5年に一度「人権擁護に関する世論調査」を実施している。2012（平成24）年の調査票では，人権意識に関する調査項目として「女性，子ども，高齢者，障害者，同和問題，アイヌの人々，外国人，HIV 感染者・ハンセン病疾患者等，犯罪被害者等，インターネットによる人権侵害，ホームレス，性的指向，性同一性障害者，東日本大震災に伴う人権問題」があげられている。[2]質問項目の中で日本における人権課題について関心があるものはどれか聞いたところ，「障害者」をあげた者の割合が39.4％，「子ども」をあげた者の割合が38.1％，「インターネットによる人権侵害」をあげた者の割合が36.0％，「高齢者」をあげた者の割合が34.8％などの順となっている（複数回答，上位4項目）。さらに，法務省（2015）は前記した「世論調査」に加えて「刑を終えて出所した人，北朝鮮当局によって拉致された被害者等，人身取引（トラフィッキング）」の3つを加えた17項目を現在の日本における主な人権課題としてあげている。

また，日本においては毎年12月4日から12月10日を「人権週間」と定め，法務省および全国人権擁護委員連合会が，関係機関等とともに普及を行っている。これらからも分かるように，基本的人権は国民1人ひとりの普段の生活に密着したものであるといえよう。

2 基本的人権と社会福祉実践

社会福祉分野の国家資格における基本的人権の支援

社会福祉分野における国家資格として，社会福祉士，精神保健福祉士，介護福祉士，保育士がある。それぞれ倫理綱領を有しており，そのなかで，基本的人権が重要な位置を占めている。

まず，公益社団法人日本社会福祉士会は，2005（平成17）年に倫理綱領を改定し採択している。その「ソーシャルワーカーの倫理綱領」の前文では「われわれ社会福祉士は，すべての人が人間としての尊厳を有し，価値ある存在であり，平等であることを深く認識する。われわれは平和を擁護し，人権と社会正

第Ⅰ部　社会福祉の意義と役割，制度と体系

義の原理に則り，サービス利用者本位の質の高い福祉サービスの開発と提供に努めることによって，社会福祉の推進とサービス利用者の自己実現をめざす専門職であることを言明する」としている。

　次に，2013（平成25）年に公益社団法人日本精神保健福祉士協会が採択した倫理綱領には「われわれ精神保健福祉士は，個人としての尊厳を尊び，人と環境の関係を捉える視点を持ち，共生社会の実現をめざし，社会福祉学を基盤とする精神保健福祉士の価値・理論・実践をもって精神保健福祉の向上に努めるとともに，クライエントの社会的復権・権利擁護と福祉のための専門的・社会的活動を行う専門職としての資質の向上に努め，誠実に倫理綱領に基づく責務を担う」としている。

　そして，1995（平成7）年に宣言された公益社団法人日本介護福祉士会の倫理綱領をみると，その最初の第1項に「介護福祉士はすべての人々の基本的人権を擁護し，一人ひとりの住民が心豊かな暮らしと老後が送れるよう利用者本位の立場から自己決定を最大限尊重し，自立に向けた介護福祉サービスを提供していきます」としている。

　最後に全国保育士会の倫理綱領では「私たちは，子どもが現在（いま）を幸せに生活し，未来（あす）を生きる力を育てる保育の仕事に誇りと責任をもって，自らの人間性と専門性の向上に努め，一人ひとりの子どもを心から尊重」するとしている。

　これら社会福祉実践を担う国家資格のすべてにおいて基本的人権の重要性を謳っている。それぞれの資格の主たる対象である子どもから高齢者，またさまざまな障害，疾病等社会的な困難を抱える者に対して基本的人権を擁護する視点をもって支援にあたらなければならないことが理解できる。

社会的困難を抱える者，マイノリティ（社会的少数者）に対する理解と支援
　社会福祉の潮流により新しく基本的人権の思想が生まれ，権利として認められ私たちの暮らしのなかで定着していく。しかし，今もなおその過程においてさまざまな課題があることは事実である。たとえば，人種，民族，ジェンダー，

階級，性自認，性的指向，年齢，言語，障害，宗教等の多様性は，社会のあり方に対し新たな価値をもたらすが，同時にマイノリティ（社会的少数者）に対する差別を生み，著しく基本的人権が侵害される側面を有する。このように，社会的な困難を抱える者，マイノリティ（社会的少数者）である者は，特に基本的人権が侵害されやすい立場であることも専門職として理解しておきたい。

　これらについて，専門職が社会的な困難を抱える者，マイノリティ（社会的少数者）に対して日本国憲法に基づく基本的人権を各種社会保障制度等によって支援するということは，日常生活のセーフティネットを具現化していくことである。支援の対象となる者が，自己の生きがいを見いだし，自己実現を図りながら地域社会で安心して生活を営むことができるようにしていく視点が重要である。また専門職は，地域社会に対し，多種多様な考え方や立場にある者を十分に受け入れられ，社会的包摂が推進される文化や風土を創造していくように働きかけることも役割のひとつとなる。そのためにも専門職には時代に沿った基本的人権の感覚を養っていくことが求められる。

基本的人権を擁護する行政の役割

　これまでみてきたように，基本的人権に関する国際的な条約や宣言，それに基づく国内法の整備や啓発は行政が積極的に取り組んできた。とくに，基本的人権を「擁護」するにあたって行政の役割は大きい。これまで日本が社会的な課題としてきた部落問題，同和教育，ハンセン病問題等は行政が主導して学校，家庭，職場，地域社会とも連携を図り，適切な理解，学びを深めることができるようにしてきた。また，前述した社会的困難を抱える者，マイノリティ（社会的少数者）等については，専門職をはじめ，国民1人ひとりが今後より一層の理解を深めていく必要があろう。

　これら行政組織の取り組みとしては，法務大臣が委嘱する「人権擁護委員」の仕組みがある。「人権擁護委員」は，「人権擁護委員法」に基づいて，基本的人権の相談や人権の考えを広める活動をしている民間ボランティアである。人権擁護委員の制度は，さまざまな分野の人たちが人権思想を広め，地域の中で

第Ⅰ部　社会福祉の意義と役割，制度と体系

人権が侵害されないように配慮して人権を擁護していくことが望ましいという考えから設けられたもので，諸外国に例を見ない制度として発足した。現在約1万4000人が全国の各市町村（東京都においては区を含む）に配置され，無報酬で積極的な人権擁護活動を行っている。

　基本的人権の侵害はあってはならないことであるが，時として自らの課題となり悩みや不安を抱えることがある。人として根本に関わるこの重要な課題に対して個人レベルで解決することは困難な場合があることも理解しておく必要がある。先述した行政が果たすべき役割と共に，地域社会を構成する私たち1人ひとりが日常生活から意識を高めていかなければならない。

基本的人権に係る最近の動向

　2014（平成26）年にメルボルンで開催された IFSW（国際ソーシャルワーカー連盟）と IASSW（国際ソーシャルワーク学校連盟）の総会で発表された新しいソーシャルワークの定義（ソーシャルワークのグローバル定義）をみてみると「ソーシャルワークは，社会変革と社会開発，社会的結束，および人々のエンパワメントと解放を促進する，実践に基づいた専門職であり学問である。社会正義，人権，集団的責任，および多様性尊重の諸原理は，ソーシャルワークの中核をなす。ソーシャルワークの理論，社会科学，人文学，および地域・民族固有の知を基盤として，ソーシャルワークは，生活課題に取り組みウェルビーイングを高めるよう，人々やさまざまな構造に働きかける。この定義は，各国および世界の各地域で展開してもよい」とある[3]。これにおいて，解放とエンパワメントという概念はソーシャルワークの究極の目標であり，ソーシャルインクルージョン（社会的包摂）を推進するものである。その実践の基盤となるのが人権と社会正義だと理解することができる。これは，今後の社会福祉実践の取り組みの中でも引き続き重要な位置づけとなっていく。

3 基本的人権における今後の課題

社会福祉施設における利用者の基本的人権

　専門職は利用者の基本的人権を尊重する立場にあることを述べてきたが，福祉現場の支援においても課題があることを理解しておかなければならない。社会福祉施設は，時に閉鎖的な環境のもとで利用者支援がすすめられ，基本的人権が侵害されやすい環境になることがある。たとえば，施設入所者が障害や疾患の症状で他害，自傷行為をする可能性があるとする。その時に，安易に隔離や身体拘束等の判断をすることは支援にはつながらないどころか基本的人権の侵害に及ぶ場合がある。これは，利用者支援の環境が閉鎖的なために，専門職が実践する支援が望ましいものではない状況が発生しているととらえられる。その根本にあるのは，基本的人権に対する意識が十分ではないことが考えられる。もちろん，私たちは利用者が安心，安全に生活を営むことができるように支援し，利用者自身が自らの力を用いて自己実現を図っていけるようにするのだが，その過程において今いちど基本的人権についての視点が置き去りにされていないかチェックしていくことが重要である。なお，隔離や身体拘束については，厚生労働省や自治体，職能団体が基準等を示しているのでそれと照合し，具体的な手順を示し，明らかにしていくことが求められる。

　利用者の基本的人権が尊重されるためには，日頃の支援を適切に振り返ることを忘れてはならない。基本的人権の概念を抽象的に理解するのみでは利用者の支援には必ずしもつながらず，支援の内容に反映していくことが求められる。

　社会福祉サービスの利用者の権利を尊重するということが現在の社会福祉実践において強く求められていることは言うまでもない。その支援を担う者として専門職は利用者の基本的人権に対し敏感でなければならず，日頃から職場内の風土を確認し，研修会を設けるなどして意識を高められるような機会が必要である。

第Ⅰ部　社会福祉の意義と役割，制度と体系

基本的人権のまちづくりをすすめる視点をもつ課題

　現在社会福祉は「地域福祉」をメインストリームとしてすすめられている。それは地域社会を基盤として社会福祉を展開し，誰もが住み慣れた地域で安心，安全な暮らしを営むことができる「福祉のまちづくり」を実現できるように推進されている。この考え方は，社会福祉施設等も含め地域社会で暮らす人びとの基本的人権が保障されていることが前提である。そのために，専門職は行政をはじめ関係機関と連携を図り，基本的人権の啓発や相談支援活動に取り組む体制を整備していかなければならない。地域福祉の推進にあたっては，社会福祉に関する直接的なサービス等を円滑に利用できる環境を整えていくことも大事であるが，その根本として基本的人権が根付いた地域社会をつくっていくことが重要な視点となる。普段，私たちの生活のなかで基本的人権は溶け込んでいるようにも感じられるものであるが，いつ課題を抱える状況になるか侵害を受けるかもしれないということを専門職として意識しておく必要がある。

　専門職は，社会福祉が果たす役割として，国民の生存に関わる人権保障の最後の砦であることを常に意識にもっておかなければならない。そのなかで，専門職は基本的人権に関する知識や倫理を有し，人びとと共有することが重要な実践となろう。そのためにも，専門職は日々自分自身の職業倫理や価値観に問いかけ，研鑽していくことが求められる。

注

(1)　H. ビクター・コンデ／竹澤千恵子・村島雄一郎訳（2001）『人権用語辞典』明石書店。

(2)　内閣府（2012）『人権擁護に関する世論調査』。

(3)　日本社会福祉教育学校連盟（2014）『ソーシャルワークのグローバル定義（日本語訳）』（http://www.jassw.jp/topics/pdf/14070301.pdf, 2016.12.20）。

参考文献

厚生労働省（2001）「身体拘束ゼロ作戦推進会議」『身体拘束ゼロへの手引き』。

武田丈（2016）「多様性の尊重とソーシャルワーク——人権を基盤とするアプローチ」

『ソーシャルワーク研究』Vol. 42, No. 2, 相川書房。

鶴野隆浩（2016）「社会福祉の固有性とは：人権・人格の保障とパースペクティブとしての固有性」『大阪人間科学大学紀要15』大阪人間科学大学。

法務省（2015）『主な人権課題』（http://www.moj.go.jp/JINKEN/kadai.html, 2016. 12.20）。

山本克司（2009）「社会福祉における人権の理論的問題点の一考察」『人間文化研究所紀要14号』聖カタリナ大学。

読者のための参考図書

横藤田誠・中坂恵美子（2017）『人権入門——憲法／人権／マイノリティ（第3版）』法律文化社。
　——日本国憲法に位置づけられている基本的人権について日常生活の場面との接点のなかで学びを深められるものとなっている。

八木秀次（2001）『反「人権」宣言』筑摩書房。
　——権利が衝突し「折り合い」をつけざるを得ない場面において，個人の欲求により「人権」が肥大していることを指摘している。本来あるべき人権のあり方について学ぶことができるものとなっている。

第 4 章

社会福祉の法体系と制度

　本章では，社会福祉に関する法体系と制度について学習していくこととする。社会福祉の根幹をなしているのが，社会福祉のさまざまな法律である。したがって，社会福祉を構造的に把握するためには根拠である社会福祉法制度を理解することが求められる。そこで，まず社会福祉法制度の全体像を構造的に捉え，次に社会福祉に関する主な法律について，社会福祉法制度の基盤となっている社会福祉法を中心に学び，社会福祉法制度の概要を理解するとともに，これからの社会福祉の方向性を考えてもらいたい。

1　社会福祉制度の構造

　社会福祉がかかわる法律は，役割や性格が異なる法律で構成されており，いわゆる「福祉6法」を中心にさまざまな法律が社会福祉制度を形成している。

　また，社会保障と社会福祉，司法と社会福祉の区分を超えて両方の分野にまたがっている法律もあり，その区分は簡単ではない。

　表4-1は，社会福祉関係法を法律の対象と役割によって区分したものである。

　一般に社会福祉関係法といえば，①扶助法，②援助法，③育成法，④管理運営法の4つを示すことができる。社会福祉の歴史からすれば，⑤救助法，⑥更生法も，以前は社会福祉の基本的性格が福祉ニーズに対する対人援助サービスと性格づけられたことから，今日では別の領域の法体系・制度として区分される。したがって，社会福祉制度という場合には，扶助法，援助法や育成法の

44

第 4 章 社会福祉の法体系と制度

表 4 - 1 社会福祉関係法の区分

①扶助法 何らかの意味で保護を必要とする状態にある人を対象とし，その状態から回復させることを目的として，一方的給付の形で行われるもの。「生活保護法」はその代表的法律。
②援助法 保護を要する状態に陥る可能性がある人に対し，あらかじめ援助の手を伸ばして，そこまで陥らないようにすることを目的とする法律。「母子及び父子並びに寡婦福祉法」や「公営住宅法」など。
③育成法 身体的，精神的あるいは社会的未熟や能力減退や障害状況の不利をカバーし，最低生活保障に必要なサービスの提供を目的とする法律。「児童福祉法」「身体障害者福祉法」など。
④管理運営法 社会福祉諸法に基づく保護や援助の組織，職員の問題，行政による指導監督，公的助成，社会福祉事業の連絡調整など間接的に社会福祉の諸サービスの効果的な運営を促進する法律。「社会福祉法」「民生委員法」など。
⑤救助法 自然災害や非常災害などの被災者に対する援助を目的とする法律。「災害救助法」など。
⑥更生法 非行・犯罪者の社会への復帰・更生を目的とする法律。「犯罪者予防更生法」など。

図 4 - 1 社会福祉法制度の構造

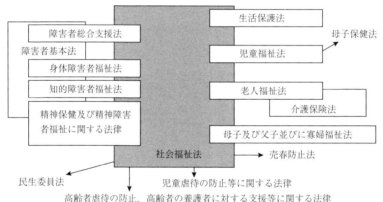

出所：杉本敏夫・豊田志保編著（2011）『相談援助論』保育出版社，26ページを一部修正。

代表である福祉 6 法と管理運営法の代表である社会福祉法で構成される法体系を指すことが多い。

次に，図 4 - 1 は社会福祉法制度の構造を示したものである。

生活保護法や身体障害者福祉法などの枠で囲まれた法律が社会福祉サービスや金銭給付を担当しているが，これら社会福祉各法の土台となっているのが社会福祉法であり，障害者基本法のように，それぞれの分野をまとめる法律もあ

第Ⅰ部　社会福祉の意義と役割，制度と体系

ることがわかる。なお，精神障害者福祉は，かつては保健衛生・医療の分野で
扱われていたが，精神障害者の社会復帰や社会参加が社会的に着目されたこと
から1995（平成7）年に精神保健法が精神保健及び精神障害者福祉に関する法
律へ改正・改称された。

　このように，社会福祉の領域拡大に伴い法制度の枠組みも変化している。

2　社会福祉の法律と制度の変遷

社会福祉制度の見直し

　昭和50年代からの深刻な財政危機と第二次臨時行政改革推進審議会による行
財政改革は，それまでの社会福祉のあり方に見直しを迫った。補助金問題を背
景として機関委任事務によって国が地方公共団体をコントロールするシステム
が見直され，社会福祉に関する事務は，「ナショナルミニマム」という国家責
任にかかわる生活保護を除いて地方公共団体固有の事務とされ，財政責任も国
と地方が折半することが原則とされた。

　これとは別に，社会福祉関係者からも社会福祉制度のあり方を見直そうとい
う気運が強まった。

　第1は，迫りつつある高齢化社会の福祉ニーズ増大に対応することであり，
第2は行政主導による社会福祉システムの基礎構造を転換することであった。

　第1への対応は，1990（平成2）年の福祉関係8法改正により，社会福祉の
基調が施設福祉から在宅福祉へ移行することとなり，在宅福祉を担う市町村の
役割が重視された。さらに，1997（平成9）年の介護保険法成立は，高齢者介
護を社会全体で負担する社会保険方式を導入するなど，これまでの取り組みと
は抜本的に異なる方法で要介護問題への対応を図ろうとするものであった。

　一方，第2への取り組みは，1997（平成9）年の児童福祉法改正により，保
育所入所利用が市町村による措置から保護者と保育所との契約関係に移行し，
同年に成立した介護保険法では，高齢者介護に関する福祉サービスの提供が，
それまでの行政による措置方式から，要介護者と事業者・施設との契約方式に

移行，2003（平成15）年から施行された障害者支援費制度でも契約方式を採用し，それぞれ措置制度の枠組みから脱し，社会福祉の分野では契約制度が主流となった。

社会福祉基礎構造改革

社会福祉について国民の意識やニーズが変化するなかで，従来の行政が福祉サービスの種類や量，提供する事業者まで決定する行政主導のシステム（措置制度）から，利用者が主体的に福祉サービスを利用するシステム（契約制度）へ転換することが求められたことから，2000（平成12）年「社会福祉の増進のための社会福祉事業法等の一部を改正する法律」が成立し，社会福祉法（社会福祉事業法を改正・改称）・身体障害者福祉法・知的障害者福祉法・児童福祉法・生活保護法・社会福祉施設職員等退職手当共済法・民生委員法の一部が改正され，歴史的役割を終えた公益質屋が廃止された。これは社会福祉のサービス提供に関わる共通的な基盤を再編し，システム全体を変えようとするものであるため，この8法改正は社会福祉基礎構造改革と呼ばれている。

この改革は，主として障害福祉分野が舞台となっていたが，利用者の立場に立った社会福祉制度の構築，サービスの質の向上，社会福祉事業の充実・活性化，地域福祉の推進など社会福祉の根幹にかかわる改革であることから，その後の社会福祉制度のあり方を大きく転換するものとなった。

21世紀になり，本格的な少子高齢社会の到来による福祉ニーズの変化だけでなく，社会福祉のシステムそのものが，新たな社会状況に対応するために変化している。今後の動向を読み取る力が社会福祉従事者にも求められているといえよう。

3 主な社会福祉関係法

社会福祉法

社会福祉を目的とする事業の全分野における共通的事項を定め，福祉サービ

第Ⅰ部　社会福祉の意義と役割，制度と体系

スの利用者の利益の保護および地域における社会福祉の推進を図るとともに，社会福祉事業の公明かつ適正な実施の確保および社会福祉を目的とする事業の健全な発達を図り，社会福祉の増進に資することを目的としている（第1条）。

　福祉サービスの基本理念や原則，社会福祉事業の範囲を定め，社会福祉に関する実施体制・組織（社会福祉審議会，福祉事務所，社会福祉法人，社会福祉協議会，共同募金など）について規定しているほか，福祉サービスの適切な利用，社会福祉事業従事者の確保（福祉人材確保の基本指針の策定，福祉人材センター，福祉厚生センター），地域福祉の推進（地域福祉計画の策定など）が定められている。

　また，社会福祉法第2条では社会福祉事業を第一種社会福祉事業と第二種社会福祉事業に区分している。第一種社会福祉事業は，入所施設利用者の人権等にかかわる影響が大きいなどの理由から，運営主体を国・地方公共団体・社会福祉法人を原則としており，第二種社会福祉事業は，在宅サービスや物品の給付など，第一種社会福祉事業に比べると利用者への影響が少ないため運営主体に制限はない。

生活保護法

　日本国憲法第25条に規定された生存権保障を目的として，国が生活に困窮するすべての国民に対し，その困窮の程度に応じ必要な保護を行い，その最低限度の生活を保障するとともに，その自立を助長することを目的としている。生活保護法には4つの原理（国家責任，無差別平等，最低生活，補足性）と4つの原則（申請保護，基準及び程度，必要即応，世帯単位）があり，8つの扶助（生活扶助，教育扶助，住宅扶助，医療扶助，出産扶助，生業扶助，葬祭扶助，介護扶助）が単給または併給される。

　生活保護の決定および実施は，都道府県知事または福祉事務所を設置する市区町村の長であるが，これらの権限は福祉事務所長に委任されており，福祉事務所が窓口となり業務を行っている。

児童福祉法

次世代社会の担い手である児童の健全育成と福祉の増進を図るために制定され，第1条は児童福祉の理念として「全て児童は，児童の権利に関する条約の精神にのつとり，適切に養育されること，その生活を保障されること，愛され，保護されること，その心身の健やかな成長及び発達並びにその自立が図られることその他の福祉を等しく保障される権利を有する」と定めている。このため，国および地方公共団体は児童の保護者とともに，児童を心身ともに健やかに育成する責任を負い（第2条），この原理は，すべて児童に関する法令の施行にあたって常に尊重されなければならない（第3条）ことが明示されている。児童福祉の実施体制（児童相談所，児童福祉施設，児童委員など）について定めている。

身体障害者福祉法

「障害者の日常生活及び社会生活を総合的に支援するための法律」と相まって，身体障害者の自立と社会経済活動への参加を促進するため，身体障害者を援助し，および必要に応じて保護し，身体障害者の福祉の増進を図ることを目的としている（第1条）。実施機関，更生援護，事業および施設などについて定めている。

知的障害者福祉法

「障害者の日常生活及び社会生活を総合的に支援するための法律」と相まって，知的障害者の自立と社会経済活動への参加を促進するため，知的障害者を援助するとともに必要な保護を行い，知的障害者の福祉を図ることを目的としている（第1条）。実施機関，更生援護，事業および施設などについて定めている。

老人福祉法

老人の福祉に関する原理を明らかにするとともに，老人に対し，その心身の健康の保持および生活の安定のために必要な措置を講じ，老人の福祉を図るこ

第 I 部　社会福祉の意義と役割，制度と体系

とを目的としている（第1条）。福祉の措置，事業および施設，老人福祉計画，
有料老人ホームなどについて定めている。

母子及び父子並びに寡婦福祉法

　母子家庭等および寡婦の福祉に関する原理を明らかにするとともに，母子家
庭等および寡婦に対し，その生活の安定と向上のために必要な措置を講じ，母
子家庭等および寡婦の福祉の増進を図ることを目的としている（第1条）。基本
方針，母子家庭，父子家庭，寡婦に対する福祉の措置，母子・父子福祉施設，
母子・父子自立支援員などについて定めている。

介護保険法

　加齢に伴って生ずる心身の変化に起因する疾病等により要介護状態となり，
入浴，排せつ，食事等の介護，機能訓練並びに看護および療養上の管理その他
の医療を要する者等について，これらの者が尊厳を保持し，その有する能力に
応じ自立した日常生活を営むことができるよう，必要な保健医療サービスおよ
び福祉サービスに係る給付を行うため，国民の共同連帯の理念に基づき介護保
険制度を設け，その行う保険給付等に関して必要な事項を定め，国民の保健医
療の向上および福祉の増進を図ることを目的としている（第1条）。被保険者の
要介護状態または要支援状態に関し，必要な保険給付を行っている。

高齢者虐待の防止，高齢者の養護者に対する支援等に関する法律（高齢者虐待防止法）

　本法では，65歳以上の者を高齢者と定義し，高齢者の権利利益の養護に資す
ることを目的にしている。
　高齢者虐待を養護者による高齢者虐待と要介護施設従事者等による高齢者虐
待に分類し，養護者による高齢者虐待を，①身体虐待，②介護・世話の放棄，
放任，③心理的虐待，④性的虐待，⑤経済的虐待の5つとしている。

障害者の日常生活及び社会生活を総合的に支援するための法律（障害者総合支援法）

障害者基本法の理念にのっとり障害者及び障害児の福祉に関する法律と相まって「障害者及び障害児が基本的人権を享有する個人としての尊厳にふさわしい日常生活又は社会生活を営むことができるよう，必要な障害福祉サービスに係る給付，地域生活支援事業その他の支援を総合的に行い，もって障害者及び障害児の福祉の増進を図るとともに，障害の有無にかかわらず国民が相互に人格と個性を尊重し安心して暮らすことにできる地域社会の実現に寄与することを目的」としている（第1条）。自立支援給付，地域生活支援事業，事業および施設，障害福祉計画などを定めている。

精神保健及び精神障害者福祉に関する法律（精神保健福祉法）

「障害者の日常生活及び社会生活を総合的に支援するための法律」と相まって精神障害者の医療および保護を行い，社会復帰の促進およびその自立と社会経済活動への参加の促進のために必要な援助を行い，その発生の予防とその他国民の精神的健康の保持および増進に努めることによって，精神障害者の福祉の増進および国民の精神保健の向上を図ることを目的としている（第1条）。

発達障害者支援法

本法の対象は，知的障害を伴わない状態にある者であって，障害者総合支援法では精神障害者に含まれている。発達障害者の心理機能の適正な発達および円滑な社会生活の促進のために，できるだけ早期に発達支援を行うとともに，切れ目なく発達障害者の支援を行うことが重要であることにかんがみ，障害者基本法の基本的理念にのっとり，発達障害者が基本的人権を享有する個人としての尊厳にふさわしい日常生活または社会生活を営むことができるよう，発達障害を早期に発見し，国および地方公共団体の責務を明らかにするとともに，学校教育における発達障害者への支援，発達障害者の就労支援，発達障害者支援センター等について定めることにより，発達障害者の自立および社会参加の

第Ⅰ部　社会福祉の意義と役割，制度と体系

ための生活全般にわたる支援を図り，すべての国民が，障害の有無によって分け隔てられることなく，相互に人格と個性を尊重し合いながら共生する社会の実現に資することを目的としている（第1条）。

障害者虐待の防止，障害者の養護者に対する支援等に関する法律（障害者虐待防止法）

本法では，国および地方公共団体の責務として，障害者虐待の予防および早期発見等を行うための関係省庁間その他関係機関および民間団体間の連携強化，民間団体の支援その他の必要な体制の整備に努めることなどが定められている。

児童虐待の防止等に関する法律（児童虐待防止法）

児童虐待の予防および被虐待児の保護ならびに自立支援制度の根拠となる法律である。第1条において「児童虐待が児童の人権を著しく侵害し，その心身の成長及び人格の形成に重大な影響を与えるとともに，我が国における将来の世代の育成にも懸念を及ぼすことにかんがみ，児童に対する虐待の禁止，児童虐待の予防および早期発見その他の児童虐待の防止に関する国および地方公共団体の責務，児童虐待を受けた児童の保護及び自立の支援のための措置等を定めることにより，児童虐待の防止等に関する施策を促進し，もって児童の権利利益の養護に資すること」を目的としている。

次世代育成支援対策推進法

急速な少子化の進行，家庭および地域を取り巻く環境の変化にかんがみ，次世代育成支援対策に関し，基本理念を定め，国，地方公共団体，事業主および国民の責務を明らかにするとともに，行動計画策定指針ならびに地方公共団体および事業主の行動計画の策定その他の次世代育成支援対策を推進することを目的としている（第1条）。

父母その他の保護者が子育ての第一義的責任をもつとしたうえで，国，自治体，事業主，国民の責務が定められており，国は「行動計画策定指針」を，都

道府県は「都道府県行動計画」を，市町村は「市町村行動計画」を策定しなければならず，一般事業主にも従業員数が100名を超える事業所には「行動計画」の策定が義務となっている。

子ども・子育て支援法

第1条において，児童福祉法その他の子どもに関する法律による施策と相まって，子ども・子育て支援給付その他の子どもおよび子どもを養育している者に必要な支援を行い，一人ひとりの子どもが健やかに成長することができる社会の実現に寄与することが目的とされている。また，同時期に制定された認定こども園法の一部改正と子ども・子育て支援法及び認定こども園法の一部改正法の施行に伴う関係法律の整備等に関する法律と併せて「子ども・子育て関連3法」といわれ，これら3法に基づく制度のことを「子ども・子育て支援新制度」という。

民生委員法

民生委員は，都道府県知事の推薦により，厚生労働大臣の委嘱を受け，それぞれの担当地域で住民の立場に立って相談に応じ，必要な援助を行う民間の奉仕者である。職務内容は，①住民の生活状態を必要に応じ適切に把握しておくこと，②援助を必要とする者が有する能力に応じ自立した日常生活を営むことができるように生活に関する相談に応じ，助言その他の援助を行うこと，③援助を必要とする者が福祉サービスを適切に利用するために必要な情報提供その他の援助を行うこと，④社会福祉を目的とする事業を経営する者又は社会福祉に関する活動を行うものと密接に連携し，その事業または活動を支援すること，⑤福祉事務所その他関係行政機関の業務に協力することである。

生活困窮者自立支援法

生活保護に至る前段階の自立支援を強化するため，経済的に困窮し，最低限度の生活を維持することができなくなるおそれのある者を「生活困窮者」とし，

第Ⅰ部　社会福祉の意義と役割，制度と体系

生活困窮者に対する措置として，生活困窮者自立相談支援事業，生活困窮者住居確保給付金などの事業を行う。

子どもの貧困対策の推進に関する法律（子どもの貧困対策推進法）

子どもの将来がその生まれ育った環境によって左右されることのないよう，貧困の状況にある子どもが健やかに育成される環境を整備するとともに，教育の機会均等を図るため，子どもの貧困対策に関し，基本理念を定め，国等の責務を明らかにし，および子どもの貧困対策の基本となる事項を定めることにより，子どもの貧困対策を総合的に推進することを目的としている（第1条）。

参考文献

小林育子・一瀬早百合（2016）『社会福祉と私たちの生活──保育を学ぶ人のために』萌文書林。

井村圭壯・相澤譲二編（2015）『社会福祉の基本と課題』勁草書房。

読者のための参考図書

直島正樹・原田旬哉編（2015）『図解で学ぶ社会福祉』萌文書林。

　　──新聞コラムを取り入れ，現代社会の抱える問題に触れながら社会の変化を受け止め考え続ける力をつけることができる。

第 5 章

社会福祉の行財政と計画

　本章では，社会福祉における制度のなかでも，とくに福祉行財政と福祉計画に焦点をあてて議論を進める。福祉行財政は，第二次世界大戦後，中央集権的システムを起動することによって福祉6法成立や国民皆年金・皆保険制度を完成させた経緯をもつ。そこでは，全国一律のシステムを効率よく形作る技術が要求され，中央集権はそれに適したものであった。

　その後，地域福祉の推進や社会福祉基礎構造改革を経て，福祉行政は，中央集権から地方分権の時代へと突入していく。また，福祉サービスの利用者の尊厳や権利がより尊重されるようになった今日，福祉行政は利用者と対等な立場で，サービスを提供することが求められているといえる。

　また，福祉計画についても上記同様，国が全国一律の計画をたてることを中心とする時代から，個々の地域に応じた計画をたてることをメインとする時代へと変化してきている。

　本章では，社会福祉における今日の行財政と計画に関する意義・役割を学ぶとともに，それらが時代の変遷のなかで変化していることを学んでほしい。

1　社会福祉における行政の役割と意義

社会福祉基礎構造改革以前の福祉行政

　今日の社会福祉は，利用者主体のサービスが今まで以上に求められ，そのシステムは契約制度が主体となっている。このような考え方は，1990年代後半か

第Ⅰ部　社会福祉の意義と役割，制度と体系

ら断行された社会福祉基礎構造改革にその根拠を求めることができる。同改革は，それまでの社会福祉行政のあり方に大きな変更を迫るものであった。

　社会福祉基礎構造改革以前の社会福祉制度は，利用者を権利主体とはみなしておらず，行政の措置により決定されたものに対して反射的利益を受けるものという位置づけであった。このシステムでは，社会福祉行政は，利用者よりも上の立場にあることとなり，利用者は，行政からの恩恵を受ける立場であった。このような，社会福祉行政と利用者の上下関係は，長年，日本の社会福祉に根強く存在した。

　しかし，1980年代以降，福祉の普遍化や地域福祉思想の浸透などを要因として，社会福祉を利用する人びとの人権擁護や権利主体が求められるようになり，その流れは，上記の社会福祉基礎構造改革へと結びついていくこととなる。

社会福祉基礎構造改革以降の福祉行政

　社会福祉基礎構造改革は，以前の行政と利用者との関係性に変更を迫った。それは，これまで述べてきたような利用者を大切にする考え方を制度の根底に据えるものであったといえる。同改革によって，措置制度の多くは契約制度に改変された。契約制度は，措置制度において貫かれてきた行政と利用者との上下関係の思想を，より対等なものへと変革を促した。

　契約制度においては，行政と利用者との関係性もそれまでとは大きく変化した。契約制度においては，利用者の主体性が尊重されることとなったため，福祉サービスの多くは利用者の意向が重要視されるようになった。たとえば，特別養護老人ホームへの入所の希望が利用者（もしくはその家族）から示された場合，措置制度であれば，行政側が選択した施設への入所となるところであるが，それが契約制度では，利用者の希望が可能な限り尊重されることとなったのである。

　このような制度変更により，福祉行政は，社会福祉の主体的存在から，利用者の意向を尊重し，条件整備を行う存在へと変貌を遂げた。

　さらに，1990年代以降，社会福祉のなかで地域福祉の充実が求められるよう

第 5 章　社会福祉の行財政と計画

になり，2000（平成12）年に制定された社会福祉法において，「地域福祉の推進」が法律に明記されるようになった。これは，それまでの福祉行政が施設福祉を中心に社会福祉の仕組みを整えてきたのに対して，今後は，在宅福祉にその中心を移行することを求めるものであった。

　このように，現在の福祉行政は措置の時代を経て，契約制度へと変貌を遂げた。また同時に，施設福祉から在宅福祉への転換のなかで，利用者の主体性がより尊重されることになったため，行政はその主体からは退き，利用者との対等な関係性のなかで条件整備等の役割をより担うようになってきているといえよう。

　今日，上記のような流れのなかで変貌を遂げた福祉行政では，他の社会福祉制度と相まって，利用者により身近な市町村が仕事を担うシステムづくりが進行している。

福祉行政における税と保険制度の関係

　今日の国と地方公共団体との関係は，1999（平成11）年に制定された地方分権一括法によって規定されている。ここでは，それまでの国を中心とする福祉行政のあり方を改め，国と地方との関係性を対等なものとすることが明記された。

　従来の国を中心とする中央集権的なシステムは，第二次世界大戦後，新たに民主的な国家を形成していく際，日本国憲法に則った新しい社会福祉制度を作り上げていくときには一定の効果を発揮したといえる。その成果は，福祉6法の制定や国民皆保険・皆年金などの今日の日本の社会福祉制度の根幹に表れている。

　しかしその後，福祉の普遍化や非貨幣的ニード等の台頭によって，中央集権モデルは時代にそぐわなくなってきた。また，社会福祉の利用者像も多様化し，画一的なサービスを国が制定した法律に則って提供するのみでは，利用者の社会福祉サービスに対する期待に応えることが難しくなってきたのである。

　地方分権一括法は，上記のような課題を解決するため，国と地方公共団体と

第 I 部　社会福祉の意義と役割，制度と体系

の関係をより対等なものに改める働きを期待されたものであった。

　福祉行政における国と地方との関係は，かつての中央集権モデルのなかでは，国の仕事を機関委任事務として地方公共団体に代行させるシステムを採用していた。このシステムは，国の方針を全国一律に効率良く浸透させることが可能なものであるため，国が地方公共団体に対してリーダーシップを発揮するものであった。

　その後，時代を経て，福祉行政のあり方は見直され，1986（昭和61）年の整理合理化法によって，社会福祉サービスに関する事務の多くは，地方公共団体の団体委任事務となった。機関委任事務と団体委任事務の相違点は，機関委任事務は，上述の通り国の仕事を地方公共団体に代行させる立場をとるのに対して，団体委任事務は，法律または政令によって，国から地方公共団体そのものに委任されたものであるということである。これらを言い換えると，機関委任事務は，あくまでも国の仕事を地方公共団体が代わりに行っているのに対して，団体委任事務は，国とは独立した地方公共団体の仕事であるといえよう。このような歴史を経て，中央集権を中心とした日本社会は，地方分権の時代へと変革を遂げた。

　上記の地方分権一括法の制定時には，機関委任事務・団体委任事務等の区分が廃止され，地方公共団体の仕事は，自治事務と法定受託事務に改変された。

　21世紀に入り，福祉行政のあり方は，より「官から民へ」の方向性を強めている。それは，社会福祉制度のなかに市場原理を組み込むことによって，より質の良いサービスを利用者に提供することを目指したものである。

　上記を実現するために，社会福祉におけるサービスの民営化，業者への委託等に代表される指定管理者制度や PFI 等の活用が進行している。また，利潤の追求を目指す株式会社の社会福祉分野への参入は，近年より加速度を増している。そのため，福祉行政の役割は，適正な市場競争を見守ることが新しい役割として期待されている。

　市場競争の容認と激化は，福祉行政の縮小を招き，小さな政府の台頭を呼ぶこととなった。このような時代のなかで，ナショナルミニマムの保障や健康で

58

第 5 章　社会福祉の行財政と計画

文化的な最低限度の生活の保障のあり方が福祉行政には改めて問われているといえるであろう。

2　社会福祉と福祉財政

福祉財政における国と地方公共団体の関係

　福祉行政が，その役割を遂行していくうえでは，財政問題を切り離して考えることはできない。福祉財政の歴史は，上述の福祉行政と相似形を成す部分が多い。福祉財政における国と地方公共団体との関係は，かつて集権的分散システムと呼ばれる上下関係に基づいて運営されてきた。この方法では，地方公共団体は国が決定した歳出・歳入のあり方を一方的に実行することが求められていた。

　しかし，時代の進展に伴い国と地方公共団体との関係は，上述の地方分権一括法以降，上下関係ではなく，対等なものとして考えられるように変化してきた。また，地域福祉の推進に関する思想は，福祉サービスの供給主体を国ではなく，利用者にとって身近な都道府県や市町村に求めるものであった。

　このような経過のなかで，2002（平成14）年以降には，三位一体の改革が実施された。この改革は，地方の財政主権を確立することを目指したものであり，①国庫補助金の整理，②税財源の移譲，③地方交付税交付金の見直し，の3点を特徴とするものであった。

　上記の改革は，住民の自治という視点からは必要なことであるものの，貧困対策などマイノリティのための政策が不十分になるおそれがあるとの指摘もあり，今後も注視が必要である。[2]

　福祉財政のあり方が，国から地方にその主体を移行している間，社会保障のシステムも大きな変革を遂げることとなった。日本の社会福祉制度は第二次世界大戦後，福祉6法の成立と国民皆保険・皆年金制度の確立によって，その内部構造を整えていった。その際の財源は，もっぱら租税に依存していた。これは制度確立期においての特徴といえる。その後，制度が成熟してくると，財源

59

第Ⅰ部　社会福祉の意義と役割，制度と体系

の主体は租税から社会保険料に移行していく。社会保険は救貧を目的とする公的扶助とは異なり，防貧を主な目的とする制度である。このシステムにおいて保険料を負担する者は，保険を給付する事由が発生したときに備えて事前に負担をすることとなる。そのため，社会保険制度は利用者にスティグマ（恥辱感）を抱かせることなく，給付を受けることができるものであるといえよう。

　近年，少子高齢化や赤字国債の増大などにより社会保障給付費が増大するなかで，税と社会保険のあり方について批判的な意見もある。小さな政府の進展が進む近年の政策では，国民に対し，自己責任を求める言説が強い影響力を有している面がある。一方，ベーシックインカム等の政策を推進しようとする考え方もあり，今後の動向が注目される。

　福祉財政に関わる国のシステムは，一般会計予算における社会保障関係費という区分や ILO（国際労働機関）が定めた基準に則って計算される社会保障給付費等によって運営されている。これらは，上述の少子高齢化などの影響を受け，年々増加している。

　一般会計予算における社会保障関係費は，一般会計歳出予算目的別分類の主要経費のなかで，第1位となっている（平成24年度）。また，社会保障関係費は，生活保護費，社会福祉費，社会保険費，保健衛生費，失業対策費等によって構成されており，そのなかでも特に社会保険費の増加幅が大きい（平成24年度）。

年金制度の仕組み

　年金制度は，社会保障制度において，防貧の役割を担うものである。国民皆年金制度が整備されている今日の日本において，国民はなんらかの公的年金制度と関わりをもつことになる。日本では長年，国民年金（基礎年金）の1階部分と厚生年金等の2階部分をもつ重層構造を維持している。近年では，年金制度から受けるメリットが少ないとされる自営業者，国民年金を負担することなく将来の年金を受け取ることのできる第3号被保険者など，同じ公的年金制度に属する人びとの間にも格差や不公平感が発生しており，今後の動向が注目される。年金制度の概要は図5-1参照。

第 5 章　社会福祉の行財政と計画

図 5-1　公的年金制度の仕組み

◆公的年金制度は，加齢などによる稼得能力の減退・喪失に備えるための社会保険。（防貧機能）
◆現役世代は全て国民年金の被保険者となり，高齢期となれば，基礎年金の給付を受ける。（1階部分）
◆民間サラリーマンや公務員等は，これに加え，厚生年金保険に加入し，基礎年金の上乗せとして報酬比例年金の給付を受ける。（2階部分）

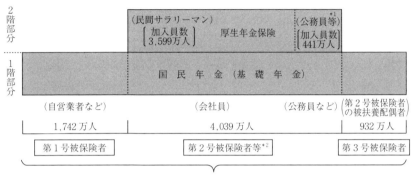

注：＊1　被用者年金制度の一元化に伴い，2015（平成27）年10月1日から公務員および私学教職員も厚生年金に加入。また，共済年金の職域加算部分は廃止され，新たに年金払い退職給付が創設。ただし，2015（平成27）年9月30日までの共済年金に加入していた期間分については，2015（平成27）年10月以降においても，加入期間に応じた職域加算部分を支給。
　　＊2　第2号被保険者等とは，被用者年金被保険者のことをいう（第2号被保険者のほか，65歳以上で老齢，または，退職を支給事由とする年金給付の受給権を有する者を含む）。
出所：「公的年金制度の概要」（http://www.mhlw.go.jp/file/06-Seisakujouhou-12500000-Nenkinkyoku/0000126679.pdf）

地方公共団体の福祉財政

　地方公共団体の福祉財政については地方財政法によって定められている。地方公共団体のなかで，社会福祉の実施に関わる費用は，民生費という名称を与えられている。「平成27年度地方財政白書」によると，民生費の歳出総額に占める割合は24.1％で最も大きな割合となっている。なお，民生費の目的別内訳は図5-2のようになっている。ここでは，児童福祉費が最も大きな割合を占めている。[4]

　近年，地方財政は歳出削減が行われている一方で，ここで取り上げている民生費は増加しており，収入不足等によって予断を許さない状況が続いているといえる。

図5-2 民生費の目的別内訳

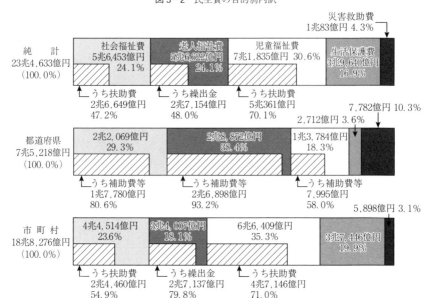

出所:「地方経費の内容」(http://www.soumu.go.jp/menu_seisaku/hakusyo/chihou/27data/2015data/27czb01-04.html)

民間の財源

次に,民間の財源について述べる。民間財源のなかで大きな役割を果たすもののひとつとして,共同募金を挙げることができる。

共同募金は,社会福祉法において,第一種社会福祉事業として規定されている。社会福祉法第112条には,共同募金の目的を「都道府県の区域を単位として,毎年1回,厚生労働大臣の定める期間内に限ってあまねく行う寄附金の募集であつて,その区域内における地域福祉の推進を図るため,その寄附金をその区域内において社会福祉事業,更生保護事業その他の社会福祉を目的とする事業を経営する者(国及び地方公共団体を除く。以下この節において同じ。)に配分すること」と定めている。

かつて,共同募金の寄附金配分については都道府県の区域内の社会福祉事業,更生保護事業を経営する者の過半数に配分しなければならないとされてきた歴

第 5 章　社会福祉の行財政と計画

史をもつ。一方，これまで述べてきたように，今日の社会福祉は地域福祉の推進が叫ばれ，福祉サービス利用者に寄り添った柔軟なサービス提供が求められている。このような時代背景のなか，ボランティアや NPO 等の発展に資することや，災害復興等に対しより柔軟な対応を行うため，2000（平成12）年の社会福祉法改正により，過半数配分の原則は撤廃された。また，同改正により，同法第118条において，災害救助等に対応するために準備金制度が設けられた。

　また，宝くじや競輪・ボートレース等の公営競技の収益金の一部は，社会福祉の助成に充てられている。

　さらに，民間企業のなかには，社会貢献の一環として社会福祉に関わる活動を展開している会社もあり，その内容は身近なボランティアから国際支援まで多岐にわたる。

3　社会福祉と福祉計画

社会福祉と福祉計画の歴史——1980年代までの福祉計画

　社会福祉と福祉計画の歴史は，これまで述べてきた福祉行政，福祉財政と社会福祉の歴史と類似している。かつて，福祉計画は国が全国一律に決めたものを，地方が実施していくという関係性であった。それは，1971（昭和46）年に当時の厚生省が策定した「社会福祉施設緊急整備 5 か年計画」に当時の福祉計画の位置づけや福祉行政の考え方の一端をみることができる。

　同計画は，今日のように在宅福祉が推進される以前のものであり，施設福祉の充実を目指して策定されている。当時，この計画に基づき，社会福祉施設の建設が進むこととなった。しかし同計画は，その後の地域福祉の進展やノーマライゼーション思想の浸透によって，今日からみれば望ましくない評価を得る場合もある。

　ここで取り上げた計画は，策定当時の国と地方の関係性の一端を示している。同計画策定時においては上述のように，地域福祉の考え方がまだ日本にはなかったため，地域ごとに応じた福祉計画や，対象者（児童・障害者・高齢者等）

63

第Ⅰ部　社会福祉の意義と役割，制度と体系

ごとに応じた計画づくりの必要性は認識されていなかった。また，福祉行政，福祉財政同様，当時の福祉計画は，国が定めたものを，その下部組織である地方公共団体が行うという仕組みで運営されていたため，国と地方公共団体の関係は，上から下への一方通行であったといえよう。

　その後，1989（平成元）年には，福祉関係3審議会合同企画分科会意見具申によって，地域住民にとってより身近な市町村の役割を重視する考え方等が示された。また同年には，高齢者保健福祉推進十か年戦略（ゴールドプラン）が当時の大蔵・厚生・自治の3大臣合意に基づき発表された。

　同プランは，日本において長期的な福祉計画を作成する出発点となった。そのなかで，主な整備対象として掲げられたのは，市町村における在宅福祉対策の緊急整備や高齢者の生きがい対策の推進等であった。同プラン作成時の日本社会は，いよいよ少子高齢化が大きな社会問題のひとつとして取り上げられるようになったころである。このプランには，今後より進行するであろう高齢化を見据えて，その基盤を緊急に整備していこうとする意図が見受けられる。

老人保健福祉計画の策定

　1990（平成2）年には，老人福祉法および老人保健法の改正が実施され，より地域福祉の充実が重視されるようになった。この改正により，社会福祉制度は市町村中心主義等の考え方とともに，老人保健福祉計画の策定が義務化されたため，福祉計画をより重視することとなった。

　老人保健福祉計画が義務化された際，国からは，地域における総合的ケアシステムの確立・地域性を踏まえた計画等が作成上の基本指針として示された。また，同計画は，すべての市町村および都道府県ごとに作成されることとなった。さらに，同計画においては，その策定過程を通して住民等の意見を踏まえることが求められた。

　これまで述べてきたような，福祉計画の地域主体化や市町村中心主義は，当初，高齢者分野において登場してきた。しかし，その後は他分野においても同様の計画化が進められることとなった。

福祉政策としての福祉計画の普遍化

上記の老人保健福祉計画策定以降，国の福祉計画の一環として，児童分野においては1994（平成6）年に，「今後の子育て支援のための施策の基本的方向について（エンゼルプラン）」が策定された。また，1995（平成7）年には，「障害者プラン～ノーマライゼーション7か年戦略」が発表され，それぞれについて，具体的な数値目標が示された。

一方，地域レベルにおいては市町村においては老人福祉計画，介護保険事業計画，障害者計画，児童育成計画，地域福祉計画を策定することとなった。これらについて，都道府県は市町村を支援する計画を策定することとなった。

また，民間では市区町村社会福祉協議会が策定する地域福祉活動計画があり，福祉行政が策定する地域福祉計画との連携が求められている。

このように，福祉計画を策定することは，今日において，国レベルにおいても地域レベルにおいても普遍化してきているといえよう。

各々の福祉計画概要

以下では，主な福祉計画についてその概要を説明する。

• 地域福祉計画…地域福祉計画は，社会福祉法に明記されている地域福祉の推進の一環として策定されている。

同計画は，市町村地域福祉計画と都道府県地域福祉支援計画で構成されている。市町村は，①地域における福祉サービスの適切な利用の推進に関する事項，②地域における社会福祉を目的とする事業の健全な発達に関する事項，③地域福祉に関する活動への住民の参加の促進に関する事項，の3点について，市町村地域福祉計画に盛り込むこととなっている。

都道府県は，上記の市町村地域福祉計画の達成に資するために都道府県地域福祉支援計画を策定することとなっている。そこでは，広域的な見地から市町村の地域福祉の支援に関する事項を取り入れることとなっている。

• 介護保険事業計画…介護保険制度は，2000（平成12）年から実施されている。同計画は，介護保険事業計画基本指針に即して定めることが求められている。

第Ⅰ部　社会福祉の意義と役割，制度と体系

　市町村介護保険事業計画は，市町村の制度運営の要となるものであり，3年を1期として策定される。一方都道府県は，都道府県介護保険事業支援計画を作成することとなっており，他の福祉計画同様，都道府県は市町村を支援することが今日のシステムでは求められている。

・**障害者基本計画**…1993（平成5）年に障害者基本法が成立した際，障害者基本計画の策定を国に義務づけた。一方，障害者計画の策定の努力義務を市町村および都道府県に課した。その後，都道府県および市町村については新たに都道府県障害者計画・市町村障害者計画の策定が義務づけられた。

・**障害福祉計画**…障害者の日常生活及び社会生活を総合的に支援するための法律第88条〜第89条に規定されている。同計画は，市町村障害福祉計画と都道府県障害福祉計画に分類され，都道府県は市町村を支援する立場として位置づけられている。

・**次世代育成支援行動計画**…同計画は，地域における子育て支援，健康の確保および増進，教育環境の整備，居住環境の確保，職業生活と家庭生活の両立の推進その他次世代育成支援対策の実施に関する計画である。[5] 市町村，都道府県計画ともに，5年を1期とし，策定は任意となっている。また，計画の策定，変更の際には住民の意見を反映させるための必要な措置を講じることが求められている。

・**子ども・子育て支援事業計画**…子ども・子育て支援法第60条により，内閣総理大臣は，子ども・子育て支援のための施策を総合的に推進するための基本指針を定めることとされている。また市町村には，市町村子ども・子育て支援事業計画を，都道府県には，都道府県子ども・子育て支援事業支援計画を，それぞれ5年を1期として定めるものとされている。計画の策定，変更にあたっては，審議会や子どもの保護者等の意見を聴かなければならない。

　注
⑴　国が国民に対して保障する最低限度の生活水準。

⑵　原咲子（2016）『給食費未納——子どもの貧困と食生活格差』光文社新書，50。

⑶　国が国民に対して，最低限度の生活を保障するために，定期的・無条件で給付を行う構想。

⑷　「地方経費の内容」（http://www.soumu.go.jp/menu_seisaku/hakusyo/chihou/27data/2015data/27czb01-04.html）。

⑸　医療情報科学研究所（2016）『社会福祉士国家試験合格のためのレビューブック2017』メディックメディア，284。

参考文献

蟻塚昌克（2008）『入門　社会福祉の法制度——行財政の視点からみた全体図（第3版）』ミネルヴァ書房。

畑本裕介（2012）『社会福祉行政—行財政と福祉計画』法律文化社。

石川久（2013）『図解　福祉行政はやわかり』学陽書房。

社会福祉士養成講座編集委員会編（2014）『福祉行財政と福祉計画（第4版）』中央法規出版。

社会福祉士養成講座編集委員会編（2014）『現代社会と福祉（第4版）』中央法規出版。

読者のための参考図書

古川孝順（2008）『福祉ってなんだ』岩波ジュニア新書。

　　——本書は，社会福祉の全体像をわかりやすく解説している。これから，社会福祉学を学ぶ学生にはお勧めしたい一冊である。読者は，社会福祉の世界が幅広く，奥深いことが本書を通して理解されるであろう。

宮本太郎（2008）『福祉政治——日本の生活保障とデモクラシー』有斐閣。

　　——本書は，今日の社会保障制度を中心とした社会福祉のシステムがどのような歴史をたどり現在の姿に変貌を遂げているのかを多様な側面から詳細に検討している。日本における社会福祉の全体像を知るためには，その歴史や他国との相違点などを知る必要がある。本書は，それらの学習に適した良書である。

河上肇著，佐藤優訳・解説（2016）『貧乏物語　現代語訳』講談社現代新書。

　　——本書は，貧困問題に関する書籍のなかでも古典とされる，河上肇の『貧乏物語』を現代語訳したものである。貧困問題は，社会福祉の根幹に関わる問題であり，今日においても解決することが困難な課題のひとつである。本書は，貧困問題に対する他国の対処法や，日本の福祉政策のあり方に関しても述べられており，今日においても大変参考になる文献である。

第 6 章

社会福祉の実施機関

　社会福祉サービスの提供には，国や都道府県などの公的な機関による取り組みから，ボランティア団体などの民間団体による取り組みまで幅広く存在する。援助の対象がどのような領域であったとしても，社会福祉の専門職としては，とくに公的な機関の理解やその取り組み，役割などを理解し，援助対象者とつなぎ，活用していくことが必要不可欠となるだろう。そこで本章では，社会福祉に関連する法律等に基づいて公的な社会福祉サービスを提供している実施機関の概要と役割について整理した。理解を深める機会としてほしい。

1　実施主体の役割

国

　社会福祉における国の行政機関は厚生労働省となる。厚生労働省は，2001（平成13）年に厚生省（1938年発足）と労働省（1947年発足）が統合される形で発足した。つまり，現在の厚生労働省は，社会福祉，社会保障，公衆衛生，医療の向上・増進などを通して国民生活の保障・向上を目指す政策と共に，働く環境の整備，職業の安定，人材の育成などのような労働政策について，国としての制度・政策を総合的・一体的に計画・実行していく機関である。

　厚生労働省における社会福祉関連部署（図6-1参照）には，男女の均等な雇用機会，子育て支援，保育や養護，虐待防止，母子・父子や寡婦の福祉，母子保健などに関する「雇用均等・児童家庭局」，生活保護制度の企画や運営，

図6-1 国の行政機構の一部

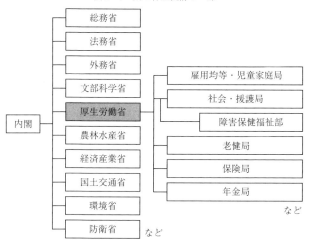

ホームレス対策，社会福祉法人制度，社会福祉事業に従事する人材の確保などに関する「社会・援護局」，介護保険制度，高齢者介護・福祉などに関する「老健局」，医療保険制度に関する「保険局」，公的年金制度に関する「年金局」，障害福祉に関する「障害保健福祉部」などがある。

また，厚生労働省には，厚生労働省設置法第7条に基づいて，社会保障審議会が設置されている。社会保障審議会は，社会保障，医療，社会福祉などに関連する有識者，学識経験者，専門家などが委員として構成され，厚生労働大臣の諮問に応じて社会保障に関する重要事項を調査・審議したり，意見を述べたりする。

都道府県

都道府県は，広域の地方自治体（地方公共団体）として，国が定める法律，制度・政策，方針などに基づいて，市町村レベルでのサービス提供等の業務が円滑に実施されるために，都道府県レベルとしての政策や事業計画等を定め，市町村を支援する（図6-2参照）。その他，社会福祉法人（本章第2節参照）等の認可・監督，市町村との連絡調整や指導・助言，児童相談所等の出先機関

第Ⅰ部 社会福祉の意義と役割, 制度と体系

図6-2 社会福祉の実施体制の概要

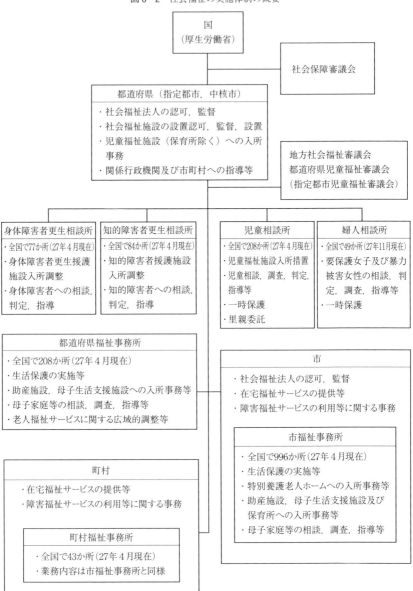

出典:『平成28年版厚生労働白書』資料編, 193を一部改変。

（本章第3節参照）の設置などの業務を行う。

　また，都道府県においても社会福祉法第7条に基づいて，地方社会福祉審議会が設置されている。社会福祉に関する事項（児童福祉及び精神障害者福祉に関する事項を除く）を調査・審議するため，有識者等が委員として構成され，都道府県知事の諮問に答えたり，関係行政庁に意見を述べたりする。児童福祉法で定められた事項については，児童福祉審議会が設置されるが，地方社会福祉審議会に含まれる場合もある。精神保健および精神障害者の福祉に関する事項については，地方精神保健福祉審議会が設置される。

市 町 村

　地域住民に最も近い基礎自治体としての地方公共団体が市町村である。市は人口規模によって役割が異なる。人口50万以上の市を指定都市（2016年10月時点では20市）と指定し，ほぼ都道府県と同様の業務を行う。人口20万人以上の市を中核市（2017年1月時点では48市）と指定し，部分的に都道府県と同様の業務を行う。その他の市および町村の主な役割は，生活保護（市および福祉事務所を設置している町村），特別養護老人ホームの設置・運営，介護保険事業，国民健康保険事業，保育所等への入所事務，子育て支援事業など，地域住民の直接的な相談・支援窓口となって，サービスの計画・実施を行う（図6-2参照）。

2 援助機関の役割

社会福祉法人

　社会福祉法人とは，社会福祉法第2条に定められている社会福祉事業（第一種社会福祉事業及び第二種社会福祉事業）を行うことを目的として，社会福祉法の規定により設立される法人である。社会福祉法人制度は，社会福祉事業の公共性から，その設立運営に厳格な規制が加えられている。社会福祉法人の設立等の認可は，厚生労働大臣もしくは都道府県知事または市長が行う。2015（平成27）年度では，厚生労働大臣所管による法人数は480，都道府県知事等所管に

第Ⅰ部　社会福祉の意義と役割，制度と体系

よる法人数は 1 万9823あり，年々増加傾向にある。

医療法人

　医療法人は，医療法第39条に基づいて，病院，医師もしくは歯科医師が常時勤務する診療所，介護老人保健施設の開設を目的として設立される法人である。設立の認可は，その主たる事務所の所在地の都道府県知事が行う。

NPO 法人（特定非営利活動法人）

　NPO とは Non-Profit Organization の略称で，さまざまな社会貢献活動を行い，事業で得た収益を団体の構成員に分配せず，その団体の目的とする社会貢献活動に充てることで運営されている団体の総称である。このうち，特定非営利活動促進法に基づき法人格を取得した法人が特定非営利活動法人（NPO 法人）である。法律に基づいて所轄庁（原則として主たる事務所が所在する都道府県知事あるいは当該指定都市の長）に申請し，設立の認証を受けることが必要となる。NPO 法人を設立することによって，たとえばボランティア活動団体が銀行で口座を開設したり，事務所を借りたり，不動産の登記をするなどの法律行為を団体の名で行うことができるようになる。

3　各種専門機関の役割

福祉事務所

　福祉事務所は，社会福祉法第14条に規定されている「福祉に関する事務所」を指している。都道府県および市（特別区を含む）に設置が義務付けられており，町村は任意で設置することができる。都道府県福祉事務所は，社会福祉の 3 つの法律（生活保護法，児童福祉法，母子及び父子並びに寡婦福祉法）に定める援護，育成または更生の措置に関する事務を司る第一線の社会福祉行政機関である。市町村福祉事務所は，社会福祉六法（生活保護法，児童福祉法，母子及び父子並びに寡婦福祉法，老人福祉法，身体障害者福祉法，知的障害者福祉法）を所管する。

2015（平成27）年4月時点で，都道府県は208か所，市は996か所，町村は43か所の福祉事務所が設置されている。

福祉事務所には，所長をはじめ，指導監督を行う所員（社会福祉主事），現業を行う所員（社会福祉主事），事務を行う所員を置かなければならない。ただし，所長の職務の遂行に支障がない場合において自ら現業事務の指導監督を行うときは，指導監督を行う所員を置かなくてもよい。所長は，都道府県知事または市町村長（特別区の区長を含む）の指揮監督を受けて，所務を行う。指導監督を行う所員は，所長の指揮監督を受けて，現業事務の指導監督を行う。現業を行う所員は，所長の指揮監督を受けて，援護，育成または更生の措置を要する者等の家庭訪問や面接を通して，本人の資産，環境等を調査し，保護その他の措置の必要の有無およびその種類を判断したり，本人の相談に応じて生活指導を行ったりする。事務を行う所員は，所長の指揮監督を受けて，所の庶務を行う。

さらに市町村福祉事務所には，児童家庭福祉に関する相談や援助業務の充実強化を図るため，家庭児童相談室が設置され，家庭相談員が業務にあたっている。その設置・運営については，「家庭児童相談室設置運営要綱」（「家庭児童相談室の設置運営について」昭和39年4月22日付厚生省発児第92号厚生事務次官通知）等に述べられている。

児童相談所

児童相談所は，都道府県および指定都市に設置が義務付けられており（児童福祉法第12条），児童の福祉に関わる業務全般を担う。2014（平成16）年児童福祉法改正により，中核市（人口30万人以上）のような政令で指定する市にも，児童相談所を設置することができることとなった。各都道府県等の実情（地理的条件等）に応じて，おおよそ人口50万人に最低1か所程度の設置が必要とされている。2015（平成27）年4月時点で，全国に208か所が設置されている。

主な機能としては，「市町村援助機能」「相談機能」「一時保護機能」「措置機能」の4つがある。市町村援助機能とは，市町村による児童家庭相談への対応について，市町村相互間の連絡調整，市町村に対する情報の提供，その他必要

第 I 部　社会福祉の意義と役割，制度と体系

な援助を行う機能である。この機能は，2004（平成16）年に児童虐待の防止等に関する法律が改正され，児童虐待等の問題に適切に対応する体制の整備が求められるようになったなかで，同年に児童福祉法も改正された際に加えられた。以前は児童相談所が一手に担っていた児童虐待をはじめとした児童家庭相談においては，市町村が窓口になり，児童相談所の助言等を求めながら必要な調査，指導・援助を行っていくことになった。

　相談機能とは，子どもに関する家庭その他からの相談のうち，専門的な知識および技術を必要とするものについて，必要に応じて子どもの家庭，地域状況，生活歴や発達，性格，行動等について専門的な角度から総合的に調査，診断，判定（総合診断）し，それに基づいて援助指針を定め，自らまたは関係機関等を活用し一貫した子どもの援助を行う機能である（図6-3参照）。主な内容としては，養護相談（保護者の家出，死亡，入院等による養育困難，虐待，養子縁組等に関する相談），保健相談（未熟児，疾患等に関する相談），障害相談（身体障害，知的障害，発達障害等に関する相談），非行相談（ぐ犯行為，触法行為等に関する相談），育成相談（しつけ，不登校，進学適性等に関する相談）などがある。

　一時保護機能とは，必要に応じて子どもを家庭から離して一時保護する機能である。主には，緊急保護の目的（棄児，迷子，家出した子ども，虐待を受けている子ども等の保護），行動観察の目的（適切かつ具体的な援助指針を定めるため一時保護による十分な行動観察・生活指導等），短期入所指導の目的（短期間の心理療法，カウンセリング，生活指導等が有効であると判断される場合など）があげられる。一時保護は子どもの行動を制限することになるため，目的を明確にし，必要最小限の期間とする必要があり，原則としては2か月以内とされている。全国に135か所（2015年4月1日現在）設置されている。

　措置機能とは，子どもやその保護者を児童福祉司，児童委員（主任児童委員を含む），児童家庭支援センター等に指導させる，子どもを児童養護施設等に入所させる，里親に委託する等の措置を行う機能である。またその他の機能として，親権者の親権喪失宣告の請求，未成年後見人選任および解任の請求を家庭裁判所に対して行うことができるような民法上の権限も有している。

74

第 6 章　社会福祉の実施機関

図6-3　児童相談所における相談援助活動の体系・展開

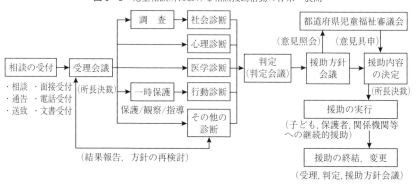

出典：厚生労働省雇用均等・児童家庭局「児童相談所運営指針」における図-1を一部改変。

　児童相談所には，所長，児童福祉司，児童心理司をはじめ，（受付）相談員，電話相談員，心理療法担当職員，医師（精神科，小児科），保健師・看護師，児童指導員および保育士，栄養士・調理員などが配置されている。さらに2016（平成28）年の児童福祉法改正では，法律に関する専門的な知識・経験を必要とする援助を適切かつ円滑に行うことが重要だと考え，弁護士の配置またはそれに準ずる措置が加えられた。

婦人相談所

　売春防止法第34条に基づき，都道府県に設置が義務付けられている。当初は，売春を行うおそれのある女子の相談・指導・一時保護等を行う施設であったが，2001（平成13）年に成立した配偶者暴力防止法（配偶者からの暴力の防止及び被害者の保護等に関する法律）により，現在は，配偶者暴力相談支援センター（第3条）の機能を担う施設としても位置付けられている。2015（平成27）年11月時点で，全国に49か所が設置されている。

　婦人相談所には婦人相談員（非常勤）が配置され，性行または環境に照らして売春を行うおそれのある女子（以下「要保護女子」）や配偶者からの暴力を受けた者（以下「被害者」）への相談・指導を行う（売春防止法第35条，配偶者からの暴力の防止及び被害者の保護等に関する法律第4条）。具体的には，要保護女子およ

第Ⅰ部　社会福祉の意義と役割，制度と体系

びその家庭，被害者について医学的・心理学的および職能的判定，調査，それに伴う相談・指導，関係機関との連携を行うことに加えて，必要な場合は一時保護も行う。

更生相談所

更生相談所には，身体障害者更生相談所と知的障害者更生相談所がある。いずれも都道府県に設置が義務付けられている。知的障害者更生相談所は，知的障害者福祉法第12条に基づいて，知的障害者に関する専門的な知識および技術を必要とする相談および指導，知的障害者の医学的・心理学的および職能的判定，市町村における更生援護の実施に関する市町村相互間の連絡および調整，市町村への情報提供などを行うことが定められている。これらの業務は，必置になっている知的障害者福祉司が実施し，必要に応じて巡回して業務を行うこともある。2015（平成27）年4月時点で，全国に84か所が設置されている。

身体障害者福祉法第11条に基づいて，身体障害者の更生援護の利便および市町村の援護の適切な実施の支援のために，身体障害者更生相談所が設置されている（2015年4月時点で，全国に77か所）。身体障害者福祉司が配置され，身体障害者を対象として，上記の知的障害者更生相談所と同様の業務を行う。

地域包括支援センター

地域包括支援センターは，介護保険法第115条の46に基づいて，「地域住民の心身の健康の保持及び生活の安定のために必要な援助を行うことにより，その保健医療の向上及び福祉の増進を包括的に支援することを目的」として，包括的支援事業等を地域において一体的に実施する役割を担う中核的機関として設置されている。設置主体は，市町村である。

主な業務は，包括的支援事業として，介護予防ケアマネジメント事業，総合相談・支援事業，権利擁護事業，包括的・継続的ケアマネジメント支援事業に加えて，指定介護予防支援業務である。職員としては，社会福祉士や保健師，主任介護支援専門員が配置されている。介護予防ケアマネジメント事業では，

市町村が把握・選定した特定高齢者（主として要介護状態等となるおそれの高い虚弱な状態にあると認められる65歳以上の者）についての介護予防ケアプランを作成し，それに基づき介護予防事業等が包括的かつ効率的に実施されるよう必要な援助を行う。総合相談・支援事業では，初期段階での相談対応および専門的・継続的な相談支援，その実施に必要となるネットワークの構築，地域の高齢者の状況の実態の把握を行う。権利擁護事業では，成年後見制度の活用促進，老人福祉施設等への措置の支援，高齢者虐待への対応，困難事例への対応などを行う。包括的・継続的ケアマネジメント支援事業では，地域における介護支援専門員のネットワークの構築・活用，介護支援専門員に対する日常的個別指導・相談，地域の介護支援専門員が抱える支援困難事例等への指導・助言等を行う。指定介護予防支援業務では，介護保険における予防給付の対象となる要支援者が，介護予防サービス等の適切な利用等ができるために，その心身の状況，生活環境等を勘案し，介護予防サービス計画を作成する。さらに計画されたサービス等の提供を確保するため，介護予防サービス事業者等の関係機関との連絡調整などを行う。

精神保健福祉センター

　精神保健福祉センターは，精神保健及び精神障害者福祉に関する法律第6条において，「精神保健の向上及び精神障害者の福祉の増進を図るため」，都道府県に置くものと定められている。主な業務は，精神保健および精神障害者の福祉に関する知識の普及・調査研究を行う，精神保健および精神障害者の福祉に関する相談および指導のうち複雑または困難なものを行う，精神障害者保健福祉手帳の支給認定に関する事務のうち専門的な知識および技術を必要とするものを行う，市町村に対し技術的事項についての協力その他必要な援助を行うなどがあげられる。

　職員としては，医師（主に精神科），精神保健福祉相談員（精神保健福祉士等），臨床心理技術者，保健師，看護師，作業療法士などのような専門職が配置されている。

77

第Ⅰ部　社会福祉の意義と役割，制度と体系

保健所・保健センター

　保健所は，地域保健法第 5 条に基づいて，都道府県に364か所，政令で定める市に93か所，特別区に23か所設置されている（2016年 4 月 1 日現在）。配置される職員は，医師，薬剤師，獣医師，保健師，診療放射線技師，臨床検査技師，衛生検査技師，管理栄養士，精神保健福祉相談員等である。

　主な業務としては，地域保健に関する思想の普及・向上，人口動態統計その他地域保健に係る統計，栄養の改善および食品衛生，環境の衛生，医事および薬事，公共医療事業の向上および増進，母性および乳幼児並びに老人の保健，歯科保健，精神保健，治療方法が確立していない疾病その他の特殊の疾病により長期に療養を必要とする者の保健，エイズ・結核・性病・伝染病等の疾病の予防などに加えて，所管区域内の市町村の地域保健対策の実施に関し，市町村相互間の連絡調整および市町村への技術的助言・研修などのように管理的・専門的な実践が中心となる。

　市町村は，地域保健法第18条に基づいて，保健センターを設置することができる。市町村保健センターは，住民に対し，健康相談，保健指導および健康診査，その他地域保健にする必要な事業など，地域住民に身近で直接的な支援を行う施設である。配置される職員は，保健師，看護師，管理栄養士，歯科衛生士，理学療法士，作業療法士等である。2016（平成28）年 4 月 1 日現在で，全国に2,466か所設置されている。

子育て世代包括支援センター

　子育て世代包括支援センターは，「まち・ひと・しごと創生基本方針」（2015年 6 月30日閣議決定）等において妊娠期から子育て期にわたるまで切れ目のない支援を実施するためのワンストップ拠点として創設された。法律上の名称は，2016（平成28）年に改正された母子保健法第22条の「母子健康包括支援センター」である。

　子育て世代包括支援センターには，保健師，ソーシャルワーカー等を配置して，妊産婦等の相談，支援等を直接実施するだけではなく，妊産婦が個々に関

図6-4 子育て世代包括支援センターの展開

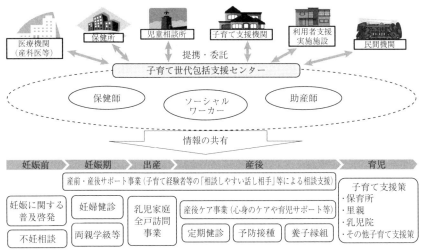

出所：第1回子どもの医療制度の在り方等に関する検討会資料，平成27年9月2日。

わっている関係機関等との連携，情報共有を図るコーディネーターが配置され，すべての妊産婦等の状況を継続的に把握し，支援プランを作成する等，包括的な支援の実施を目指す（図6-4参照）。実際の展開としては，市町村保健センターが中心となるだけではなく，地域子ども・子育て支援事業の利用者支援事業（基本型，母子保健型）と組み合わせて実施する場合もある。

実施主体は市区町村であり，地域の実情に応じて子育て世帯の「安心感」を醸成することが求められる。平成28年4月1日時点では，全国296の市区町村で720か所が設置されている。今後は，2020年までに全国展開が目指され，支援内容等に係るガイドラインの策定にも取り組まれていく予定である。

社会福祉協議会

社会福祉協議会とは，社会福祉法第109条・110条に基づき，地域の社会福祉活動を推進することを目的とした民間組織（社会福祉法人）である。社会福祉協議会としては，各都道府県に設置される都道府県社会福祉協議会，市区町村に設置される市町村社会福祉協議会，都道府県社会福祉協議会の連合会として

第 I 部　社会福祉の意義と役割，制度と体系

全国社会福祉協議会が組織化されている。

　全国社会福祉協議会では，全国の福祉関係者や福祉施設等事業者の連絡・調整，社会福祉に関する図書・雑誌の刊行，福祉に関わる人材の養成・研修，福祉分野の国際交流などに取り組んでいる。都道府県社会福祉協議会では，日常生活自立支援事業，運営適正化委員会の設置，福祉サービスの第三者評価事業，生活や就業等に必要な資金（生活福祉資金）の貸付，福祉関係者に対する専門的な研修事業，ボランティア活動の振興，福祉人材センター事業など広域的な取り組みに加えて，市町村社会福祉協議会との連絡調整を行う。市町村社会福祉協議会では，在宅高齢者や障害者を対象としたホームヘルプサービス（訪問介護）や配食サービス，高齢者や子育て中の親子を対象としたサロン活動，ボランティアセンターの運営，小中高校における福祉教育の支援等のように，地域住民に最も身近で，地域のニーズに応じたサービスの提供や取り組みを行っている。

参考文献

厚生労働省（http://www.mhlw.go.jp/）

厚生労働省『厚生労働白書（平成28年版）』資料編

「市町村児童家庭相談援助指針について」（平成17年 2 月14日，雇児発第0214002号，厚生労働省雇用均等・児童家庭局長通知）

児童相談所運営指針（http://www.mhlw.go.jp/bunya/kodomo/dv11/index1.html）

「精神保健福祉センター運営要領について」（平成 8 年 1 月19日，健医発第57号，厚生省保健医療局長通知）

「地域包括支援センターの設置運営について」（平成19年 1 月16日，老計・老振・老老発第1018001号，厚生労働省老健局計画課長・振興課長・老人保健課長通知）

内閣府「まち・ひと・しごと創生総合戦略」（2015改訂版　平成27年12月24日閣議決定）

内閣府 NPO ホームページ（https://www.npo-homepage.go.jp/）

内閣府男女共同参画局（http://www.gender.go.jp/）

第 6 章　社会福祉の実施機関

読者のための参考図書

直島正樹・原田旬哉編著（2015）『図解で学ぶ保育　社会福祉』萌文書林。

　　──保育者を目指している学生向けだが，社会福祉は難しいというイメージが強い
　　　　学生にとっては，図表やイラスト等が多く活用されたり，主人公「林もえ（仮
　　　　名）」のライフヒストリーに合わせて解説されたりしているため，関心を高め
　　　　るきっかけになると期待する。

山縣文治・柏女霊峰編（2013）『社会福祉用語辞典（第 9 版）』ミネルヴァ書房。

　　──試験勉強をするためだけではなく，専門職になるためにも，専門用語を確実に
　　　　理解しておくことが必要である。不明な用語や曖昧な用語があれば，必ず確認
　　　　していく丁寧な姿勢を大切にしてほしい。

第7章

社会福祉事業と社会福祉施設

　本章では，社会福祉事業および社会福祉施設について説明していく。

　わが国の社会福祉の増進に寄与する社会福祉法に規定されている「社会福祉事業」については，地域社会の一員として自立した日常生活の営みを支援する「社会福祉を目的とする事業」との関係性に着目しながら，その内容についてみていくことにする。

　また，社会福祉施設については，1990年代後半に社会福祉基礎構造改革が行われたことにより，幅広い社会福祉サービス提供主体の参入や社会福祉サービスの種類の多様化，さらにはサービス提供体制のあり方も従来と大きく変化している部分がみられる。

　このような点にも着目しながら，社会福祉サービス提供組織としての社会福祉施設や社会福祉サービスを利用する際の各種利用方式等についても確認していく。

1 社会福祉事業の概要

「社会福祉事業」と「社会福祉を目的とする事業」について

　社会福祉法第1条では「この法律は，社会福祉を目的とする事業の全分野における共通的基本事項を定め，社会福祉を目的とする他の法律と相まって，福祉サービスの利用者の利益の保護及び地域における社会福祉（以下「地域福祉」という。）の推進を図るとともに，社会福祉事業の公明かつ適正な実施の確保及

び社会福祉を目的とする事業の健全な発達を図り，もつて社会福祉の増進に資することを目的とする」とされており，その規定のなかで「社会福祉を目的とする事業」と「社会福祉事業」の2つの事業が示されている。

　これら2つの事業の関連については厚生労働省ホームページで確認することができるが，その見解としては「社会福祉を目的とする事業」[1]については地域社会の一員として自立した日常生活を営むことを支援する事業とされており，そこに経営主体等の規制はなく行政の関与は最小限となっている事業との見方を示している。一方，「社会福祉事業」については「社会福祉を目的とする事業」のうち，規制と助成を通じて公明かつ適正な実施の確保が図られなければならない事業として捉えられており，社会福祉法第2条では「社会福祉事業」が第一種社会福祉事業と第二種社会福祉事業に分類されることを明記し，具体的事業が列挙されている。それぞれの社会福祉事業に係る説明をもう少し追加しておくと，第一種社会福祉事業とは，公共性が高くサービス利用者の人格の尊重という点から重大な影響を及ぼす事業であるため，強い公的規制と監督が必要とされる事業となっている。経営主体は，原則として国，地方公共団体，社会福祉法人に限られ，行政機関が自ら実施する場合が少なからずあるものの，その実情は民間団体である社会福祉法人が委託を受け経営する形態が圧倒的に多い状況である。この民間社会福祉事業経営者への事業委託に関しては，柔軟性や独創性といった民間ならではの特性を生かした経営のあり方が期待されていると同時に，社会福祉事業に対する公的責任の所在を曖昧にさせやすい問題点もはらんでいる。そのため，社会福祉法第61条では国，地方公共団体，社会福祉法人等の社会福祉事業経営者がそれぞれ責任を明確にしなければならない旨の規定がされている。

　そして，第二種社会福祉事業については，経営主体についての制限はとくに設けられておらず，第一種社会福祉事業に比べそれほど強い規制，監督は必要としない事業となっている（表7-1）。

第Ⅰ部　社会福祉の意義と役割，制度と体系

表7-1　第一種社会福祉事業と第二種社会福祉事業

第一種社会福祉事業	・生活保護法に規定する救護施設，更生施設，授産施設，宿所提供施設 ・生計困難者に対して助葬を行う事業 ・児童福祉法に規定する乳児院，母子生活支援施設，児童養護施設，障害児入所施設，児童心理治療施設，児童自立支援施設 ・老人福祉法に規定する養護老人ホーム，特別養護老人ホームまたは軽費老人ホーム ・障害者総合支援法に規定する障害者支援施設 ・売春防止法に規定する婦人保護施設 ・授産施設 ・生活困難者に対して無利子または低利で資金を融通する事業
第二種社会福祉事業	・生活困難者に対して，その住居で日常生活必需品・金銭を与え，または生活に関する相談に応ずる事業 ・児童福祉法に規定する障害児通所支援事業，障害児相談支援事業，児童自立生活援助事業，放課後児童健全育成事業，子育て短期支援事業，乳児家庭全戸訪問事業，養育支援訪問事業，地域子育て支援拠点事業，一時預かり事業，小規模住居型児童養育事業 ・児童福祉法に規定する助産施設，保育所，児童厚生施設，児童家庭支援センター ・児童の福祉の増進について相談に応ずる事業 ・認定こども園法に規定する幼保連携型認定こども園を経営する事業 ・母子及び父子並びに寡婦福祉法に規定する母子家庭日常生活支援事業，父子家庭日常生活支援事業，寡婦日常生活支援事業 ・母子及び父子並びに寡婦福祉法に規定する母子・父子福祉センター，母子・父子休養ホーム ・老人福祉法に規定する老人居宅介護等事業，老人デイサービス事業，老人短期入所事業，小規模多機能型居宅介護事業，認知症対応型老人共同生活援助事業または複合サービス福祉事業 ・老人福祉法に規定する老人デイサービスセンター，老人短期入所施設，老人福祉センターまたは老人介護支援センター ・障害者総合支援法に規定する障害福祉サービス事業，一般相談支援事業，特定相談支援事業または移動支援事業 ・障害者総合支援法に規定する地域活動支援センター，福祉ホーム ・身体障害者福祉法に規定する身体障害者生活訓練等事業，手話通訳事業，介助犬訓練事業，聴導犬訓練事業 ・身体障害者福祉法に規定する身体障害者福祉センター，補装具製作施設，盲導犬訓練施設，視聴覚障害者情報提供施設 ・身体障害者の更生相談に応ずる事業 ・知的障害者福祉法に規定する知的障害者の更生相談に応ずる事業 ・生計困難者に無料または低額な料金で簡易住宅を貸し付け，または宿泊所などを利用させる事業 ・生計困難者に無料または低額な料金で診療を行う事業 ・生計困難者に無料または低額な費用で介護保険法に規定する介護老人保健施設を利用させる事業 ・隣保事業 ・福祉サービス利用援助事業 ・社会福祉事業に関する連絡または助成を行う事業

出所：石田慎二・山縣文治編著（2017）『新・プリマーズ／保育／福祉　社会福祉〔第5版〕』ミネルヴァ書房，48。

第 7 章　社会福祉事業と社会福祉施設

「社会福祉に関する活動」について

　近年，公的サービスでは対応し難い多様な福祉需要の充足といった観点から，地域住民等によるボランティア活動や民間企業等の社会貢献活動を主な内容とする「社会福祉に関する活動」の発展への期待が高まっている。ここでは，とくに社会福祉に関する活動を構成するボランティア活動に焦点を当てて論じていく。

　一般に，ボランティアとは個人の自発性に基づく，金銭的な対価を求めない社会貢献活動を行う個人または集団と理解されている。石井祐理子はボランティアを「ボランティア（volunteer）の語源は，ラテン語で『意志する』という意味をもつウォロ（volo）から派生したウォルンタス（voluntas）である。そこに人を意味する er がついて『意志を持つ人』となり，『志願兵』『義勇兵』などと訳されている」[2]と説明している。また，ボランティアの性格についてはこれまでにもボランティア活動を積極的に推進する機関や団体によって，主体性をはじめ連帯性，無償性，自発性，福祉性，継続性，公共性，先駆性等といった多方面からの性格規定がなされているが，ボランティアの性格の軸をどこに置くかでその理解の仕方も変わってくると思われる。

　なお，2009（平成21）年4月現在のボランティア活動の実態については，厚生労働省が活動者数700万人，団体数が17万グループと発表している[3]。単純にこの数値だけをみてもボランティア活動が今日の国民生活課題の解決を図る上でいかに期待され，重要なマンパワーとしての役割を担わされているか容易に理解できるが，そもそもボランティア活動の必要性を改めて認識させた出来事は1995（平成7）年の阪神・淡路大震災だとされている。この時には約140万人といわれるボランティアが各々これまで培った人生経験，職業経験のなかから工夫と知恵を活かし，かつ柔軟性と即時性をもった救援活動を被災者へ提供したことで社会的にも大きな評価を受ける結果となった。またそれが契機となり，1998（平成10）年にはボランティア活動を支援する特定非営利活動促進法（NPO 法）が制定され，さらに2000年に入ると社会福祉法の制定に伴い，ボランティアは地域住民，社会福祉事業者と共に地域福祉の推進を図る主体として

第Ⅰ部　社会福祉の意義と役割，制度と体系

位置づけられることになった。最近では，2011（平成23）年に発生した東日本大震災や2016（平成28）年の熊本地震においても被災地支援で大きな活躍をみせ，改めて今日のわが国の「社会福祉に関する活動」のひとつとしてボランティア活動が欠かせないことを示す形になったと言える。

2　社会福祉施設の種類と目的

　社会福祉施設の目的については，児童，高齢者，障害者，生活困窮者等，何らかの支援を必要とする者に対し，日常生活面での支援や自立に向けた各種訓練，指導等を行い，福祉の増進を図ることである。

　また社会福祉施設の設置・運営主体に関しては「公営」によるものでは国，都道府県，市町村を，「私営」によるものでは社会福祉法人，医療法人，特定非営利活動法人（NPO 法人）等を挙げることができる。なお「平成27年社会福祉施設等調査の概況」によれば，社会福祉施設の経営主体は「その他の社会福祉施設等」を除き，「社会福祉法人」が最も多い状況である（表7‐2参照）。この社会福祉法人については，前述したように第一種社会福祉事業の担い手として国や地方公共団体と並び，わが国の戦後社会福祉を支えた民間組織のひとつとして評価されているが，第二次世界大戦後からほとんど手が付けられていなかったわが国の社会福祉制度の基本的仕組みを大幅に見直し，抜本的改革を図ろうとした社会福祉基礎構造改革によって，近年はその経営姿勢に変化がみられている。

　その変化に影響を与えた要因のひとつが社会福祉基礎構造改革の重要課題に位置付けられた多様な社会福祉サービス供給主体の参入促進とされている。営利法人，医療法人，特定非営利活動法人（NPO 法人）等，幅広い社会福祉サービス供給主体が参入することで競争原理が生み出され，それによってわが国は社会福祉サービスの質と効率性の向上がますます問われる時代に突入した。こうした流れは措置委託費をはじめとする行政支援以外の自主経営基盤の強化と安定化を図ろうと社会福祉法人にも経営姿勢に変化を求めるようになったこと

が関係している。

　最後に，支援を必要とする対象者の福祉の増進を図るために欠くことができないこの社会福祉施設であるが，その種類については法体系ごとに整理すれば，児童福祉法に規定されている児童福祉施設，障害者の日常生活及び社会生活を総合的に支援するための法律（以下，障害者総合支援法）に規定されている障害者支援施設，生活保護法に規定されている保護施設，老人福祉法に規定されている老人福祉施設，母子及び父子並びに寡婦福祉法に規定されている母子・父子福祉施設，売春防止法に規定されている婦人保護施設，その他の社会福祉施設等に分類することができる。

　以下，各法律に規定されている主な社会福祉施設を取り上げ紹介しておく。

児童福祉法に規定されている児童福祉施設

• 乳児院…乳児（保健上，安定した生活環境の確保その他の理由により特に必要のある場合には，幼児も含む）を入院させて，これを養育し，あわせて退院した者について相談その他の援助を行うことを目的とする施設。（第37条）

• 母子生活支援施設…配偶者のない女子またはこれに準ずる事情にある女子およびその者の監護すべき児童を入所させて，これらの者の自立の促進のためにその生活を支援し，あわせて退院した者について相談その他の援助を行うことを目的とする施設。（第38条）

• 児童養護施設…保護者のない児童（乳児を除く。ただし，安定した生活環境の確保その他の理由により特に必要のある場合には，乳児を含む），虐待されている児童その他環境上養護を要する児童を入所させて，これを養護し，あわせて退所した者に対する相談その他の自立のための援助を行うことを目的とする施設。（第41条）

• 児童自立支援施設…不良行為をなし，またはなすおそれのある児童および家庭環境その他の環境上の理由により生活指導等を要する児童を入所させ，または保護者の下から通わせて，個々の児童の状況に応じて必要な指導を行い，その自立を支援し，あわせて退所した者について相談その他の援助を行うことを

第Ⅰ部　社会福祉の意義と役割，制度と体系

表7-2　施設の種類別にみた

	総　数	公	
		国・独立行政法人	都道府県
総　数	66,213	70	235
保護施設	292	—	1
老人福祉施設	5,327	—	1
障害者支援施設等	5,874	12	25
身体障害者社会参加支援施設	322	—	8
婦人保護施設	47	—	22
児童福祉施設等	37,139	58	174
(再掲) 保育所等[注]	25,580	1	2
母子・父子福祉施設	58	—	4
その他の社会福祉施設等	17,154	—	—
(再掲) 有料老人ホーム (サービス付き高齢者向け住宅以外)	10,651	—	—

注：保育所等は，幼保連携型認定こども園，保育所型認定こども園および保育所である。
出所：厚生労働省「平成27年度社会福祉施設等調査の概況」より。

目的とする施設。(第44条)

障害者総合支援法に基づくサービスを提供する施設

• 障害者支援施設…「障害者支援施設」とは，障害者につき，施設入所支援を行うとともに，施設入所支援以外の施設障害福祉サービスを行う施設。(第5条11項)

• 日中活動事業 (生活介護) を行う施設…常時介護を要する障害者として厚生労働省令で定める者につき，主として昼間において，障害者支援施設その他厚生労働省令で定める施設において行われる入浴，排せつまたは食事の介護，創作的活動または生産活動の機会の提供その他厚生労働省令で定める便宜を供与する施設。(第5条7項)

• 日中活動事業 (就労移行支援) を行う施設…就労を希望する障害者につき，厚生労働省令で定める期間にわたり，生産活動その他の活動の機会の提供を通じて，就労に必要な知識および能力の向上のために必要な訓練その他の厚生労働省令で定める便宜を供与する施設。(第5条13項)

第 7 章　社会福祉事業と社会福祉施設

経営主体別施設数について

（平成27年10月 1 日現在）

公営		私営					
市区町村	一部事務組合・広域連合	社会福祉法人	医療法人	公益法人・日赤	営利法人（会社）	その他の法人	その他
17,134	145	26,361	1,789	683	13,930	5,012	854
21	6	264	—	—	—	—	—
861	82	4,045	49	55	101	74	59
133	16	3,752	206	44	49	1,597	40
38	—	208	—	39	2	24	3
—	—	25	—	—	—	—	—
14,953	41	16,826	72	407	1,718	2,218	672
9,085	3	13,647	11	57	1,051	1,582	141
4	—	30	—	6	—	14	—
1,124	—	1,211	1,462	132	12,060	1,085	80
2	—	563	759	14	8,889	408	16

- 日中活動事業（就労継続支援）を行う施設…通常の事業所に雇用されることが困難な障害者につき，就労の機会を提供するとともに，生産活動その他の活動の機会の提供を通じて，その知識および能力の向上のために必要な訓練その他の厚生労働省令で定める便宜を供与する施設。（第 5 条14項）

生活保護法に規定されている保護施設

- 救護施設…身体上または精神上著しい障害があるために日常生活を営むことが困難な要保護者を入所させて，生活扶助を行うことを目的とする施設。（第38条 2 項）
- 更生施設…身体上または精神上の理由により養護および生活指導を必要とする要保護者を入所させて，生活扶助を行うことを目的とする施設。（第38条 3 項）
- 医療保護施設…医療を必要とする要保護者に対して，医療の給付を行うことを目的とする施設。（第38条 4 項）
- 授産施設…身体上もしくは精神上の理由または世帯の事情により就業能力の限られている要保護者に対して，就労または技能の修得のために必要な機会お

第Ⅰ部　社会福祉の意義と役割，制度と体系

および便宜を与えて，その自立を助長することを目的とする施設。（第38条5項）

• 宿所提供施設…住居のない要保護者の世帯に対して，住宅扶助を行うことを目的とする施設。（第38条6項）

老人福祉法に規定されている老人福祉施設

• **養護老人ホーム**…老人福祉法第11条第1項第1号の措置に係る者を入所させ，養護するとともに，その者が自立した日常生活を営み，社会的活動に参加するために必要な指導および訓練その他の援助を行うことを目的とする施設。（第20条4項）

• **特別養護老人ホーム**…老人福祉法第11条第1項第2号の措置に係る者または介護保険法の規定による地域密着型介護老人福祉施設入所者生活介護に係る地域密着型介護サービス費若しくは介護福祉施設サービスに係る施設介護サービス費の支給に係る者その他の政令で定める者を入所させ，養護することを目的とする施設。（第20条5項）

• **軽費老人ホーム（ケアハウス）**…無料または低額な料金で，老人を入所させ，食事の提供その他日常生活上必要な便宜を供与することを目的とする施設。（第20条6項）

母子及び父子並びに寡婦福祉法に規定されている母子・父子福祉施設

• **母子・父子福祉センター**…無料または低額な料金で，母子家庭等に対して，各種の相談に応ずるとともに，生活指導および生業の指導を行う等母子家庭等の福祉のための便宜を総合的に供与することを目的とする施設。（第39条2項）

• **母子・父子休養ホーム**…無料または低額な料金で，母子家庭等に対して，レクリエーションその他休養のための便宜を供与することを目的とする施設。（第39条3項）

売春防止法に規定されている婦人保護施設

• **婦人保護施設**…要保護女子を収容保護するための施設。（第36条）

その他の社会福祉施設

● 老人憩の家…市町村の地域において，老人に対し，教養の向上，レクリエーション等のための場を与え，もって老人の心身の健康の増進を図ることを目的とする施設。(各都道府県知事あて厚生省社会局長通知，昭40.4.5 社老第88号)

● 隣保館…隣保館等の施設を設け，無料または低額な料金でこれを利用させることその他その近隣地域における住民の生活の改善および向上を図るための各種の事業を行う。(社会福祉法第2条3項11号)

3 社会福祉のサービス提供体制

　第二次世界大戦後，わが国の社会福祉サービスの提供体制については措置制度を中心に社会福祉の仕組みづくりが整備されていった。措置制度とは，行政側が法令に基づき利用者側のサービス利用要件を判断し，その要件が満たされる場合に行政処分という形で福祉サービスを提供する仕組みのことを指す。この措置制度では公的責任がある程度明確な形で公平な福祉サービスの提供が行われる一方，利用者側は社会福祉サービスを提供する施設や希望するサービスを選択できず，その意思が尊重されないことが大きな問題点として指摘されている。

　こうした問題点解消への機運も高まってきた1990年代後半には，社会福祉基礎構造改革によってわが国の社会福祉サービスの提供体制が「措置」から「契約」を中心とした制度設計へ転換されていくことなる。

　今日の社会福祉サービス提供体制における各種利用方式について紹介しておくと，以下の通りである。

措置方式

　措置方式を導入している施設には，生活保護法に規定されている救護施設や更生施設等のほか，児童福祉法に規定されている乳児院や児童養護施設等，老人福祉法に規定されている養護老人ホーム，売春防止法に規定されている婦人

第Ⅰ部　社会福祉の意義と役割，制度と体系

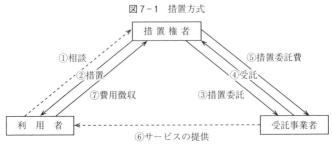

図7-1　措置方式

出所：相澤譲治編（2015）『七訂　保育士をめざす人の社会福祉』みらい，71。

保護施設等を代表的な社会福祉施設として挙げることができる。社会福祉サービス提供までの大まかな流れを説明しておくと，まず利用希望者が措置権者である行政機関に申し込み，申込者の利用要件が満たされているか調査，判定が行われる。その後，利用要件に該当する場合には措置決定がくだり，社会福祉サービス提供事業者に社会福祉サービス提供が委託されるという流れである。この場合，申込者には受託事業者を選択する権利は与えられず，措置権者が委託先を決定し申込者に通知するという形になる（図7-1）。

　利用契約方式

　利用契約方式は，母子生活支援施設や助産施設等でみられる方式であり，行政との契約に基づき社会福祉施設を選択，利用する仕組みである。社会福祉サービス提供までの大まかな流れについては，利用者が社会福祉施設を選択し，

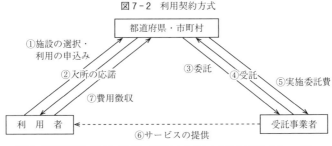

図7-2　利用契約方式

出所：相澤譲治編（2015）『七訂　保育士をめざす人の社会福祉』みらい，72。

行政機関に申請後,利用者の利用要件が満たされるか調査が実施される。調査により利用要件が満たされていると判断された場合,行政機関は社会福祉サービス提供事業者に委託し,利用者へ社会福祉サービスの提供が行われるという流れである(図7-2)。

子ども・子育て支援方式

2012(平成24)年の子ども・子育て関連3法によって認定こども園や公立保育所がこの方式を導入している。

利用者は,まず利用希望の申請を市町村に行い,市町村から保育の必要度の認定を受けることになる。認定を受けた利用者は,希望施設を選択し,利用申込を市町村に行う。その後,市町村は利用者の希望する施設と利用調整等を図り,利用可能な状況が整えば利用者は希望施設と契約を結び,社会福祉サービスが開始されるといった流れである(図7-3)。

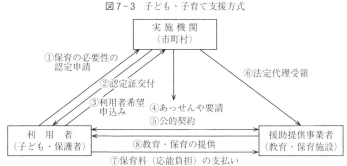

図7-3 子ども・子育て支援方式

出所:相澤譲治編(2015)『七訂 保育士をめざす人の社会福祉』みらい,75。

介護保険方式

介護保険方式を導入している代表的な施設には,介護老人福祉施設や介護老人保健施設等を挙げることができる。

この方式では,原則として利用者側があらかじめ介護保険制度に加入し,保険者(市町村)に対し保険料を納入している状態であるかどうかが,サービス

第Ⅰ部 社会福祉の意義と役割，制度と体系

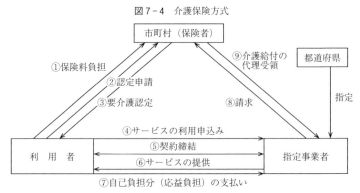

図7-4 介護保険方式

出所：相澤譲治編（2015）『七訂 保育士をめざす人の社会福祉』みらい，73。

利用の前提条件となる。そのうえで，介護サービスを必要とする状態がどの程度なのかいわゆる認定調査が実施され，介護の必要度に応じ，利用できる介護サービスが決められるという仕組みである。

要介護認定や要支援認定を受けた利用者は，都道府県知事や市町村長から指定を受けたサービス提供事業者側と直接契約を結び，サービス提供が開始されることになる（図7-4）。

総合支援方式

この方式を採用している施設には，障害者支援施設や就労支援施設，グループホーム（共同生活援助）等が挙げられる。

この方式では，身体・知的・精神障害，そして難病を抱える利用者が市町村に申請を行う。申請を受け付けた市町村は，必要に応じ障害支援区分の認定，支給の決定を行うことになる。

その後，支給決定を受けた利用者は，都道府県知事から指定を受けたサービス提供事業者側と直接契約を結び，社会福祉（介護）サービスの提供が図られるという流れである（図7-5）。

社会福祉基礎構造改革の基本的方向のひとつには「サービス利用者と提供者の対等な関係の確立」という考え方も打ち出されている。契約制度では，それ

第 7 章　社会福祉事業と社会福祉施設

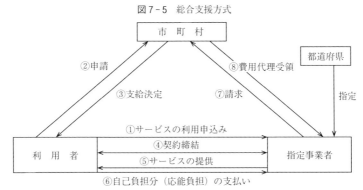

図7-5　総合支援方式

出所：相澤譲治編（2015）「七訂　保育士をめざす人の社会福祉」みらい, 74。

を担保した上でどこのサービス提供事業者に，またどのようなサービスを提供してほしいのか利用者自らが主体的に考え，福祉サービス選択が可能になった。この点については改革のひとつの成果との見方もあるが，契約制度は決して利点だけではなく新たな問題点を生み出す結果にもつながっており，その点にも触れておく必要がある。

　福祉サービスの質，量ともに充実化していくことで多種多様な福祉サービスが用意される今日，提起される契約制度の問題点とは何か。それは福祉サービスに関する情報を自ら収集し，適切に判断しながら，サービスの選択決定ができる利用者ばかりではないという点である。「契約」とはそもそも自らの意向を反映しサービス選択の決定ができる利点がある一方で，それは自己責任のもと行われるものであることを忘れてはならない。しかしながら，自己選択には自己責任が伴うという安易な議論で片づけることは危険であり，利用者側の特性も考慮した適正な福祉サービスの選択・決定・利用支援の仕組みをいかに適切に構築するかという部分こそ，契約制度の導入の際に大切にしなければならないことである。

　社会福祉の専門性を有しないがゆえに社会福祉サービスに関する知識が乏しい利用者をはじめ，今日では認知症や知的障がい，精神障がいにより判断能力に欠ける状態にある者への社会福祉サービス利用支援をどのように行うのかは

第Ⅰ部　社会福祉の意義と役割，制度と体系

大きな課題と言える。

　こうした課題提起を踏まえて，現行制度では利用者側が福祉サービスを選択し，自己決定を保障するためのさまざまな支援が整備されている。具体的には社会福祉法第75条「情報の提供」や同法第76条「利用者契約の申込み時の説明」，同法第77条「利用契約の成立時の書面の交付」，同法第79条「誇大広告の禁止」，同法第80条「福祉サービス利用援助事業の実施に当たつての配慮」がそうであり，その他成年後見制度や苦情処理制度等といった制度も用意されている。

注

⑴　厚生労働省『生活保護と福祉一般：社会福祉事業と社会福祉を目的とする事業』（http://www.mhlw.go.jp/bunya/seikatsuhogo/shakai-fukushi-jigyou1.html，2016.12.19）。

⑵　石井祐理子（2006）「ボランティア」日本地域福祉学会編『新版　地域福祉事典』中央法規出版，270。

⑶　厚生労働省『ボランティア活動』（http://www.mhlw.go.jp/stf/seisakunitsuite/bunya/hukushi_kaigo/seikatsuhogo/volunteer/index.html，2017.1.5）。※なお，数値は都道府県・指定都市および市区町村社会福祉協議会ボランティアセンターで把握している人数およびグループ数とされている。

⑷　厚生労働省『平成27年度社会福祉施設等調査の概況』（http://www.mhlw.go.jp/toukei/saikin/hw/fukushi/15/，2017.1.5）。

参考文献

相澤譲治編（2015）『七訂　保育士をめざす人の社会福祉』みらい。

山縣文治・柏女霊峰編（2010）『社会福祉用語辞典（第8版）』ミネルヴァ書房。

西村健一郎・品田充儀編著（2009）『よくわかる社会福祉と法』ミネルヴァ書房。

山縣文治・岡田忠克編（2016）『よくわかる社会福祉（第11版）』ミネルヴァ書房。

石田慎二・山縣文治編著（2015）『新・プリマーズ／保育／福祉　社会福祉（第5版）』ミネルヴァ書房。

菊池正治・清水教惠編著（2007）『基礎からはじめる社会福祉論』ミネルヴァ書房。

西村昇・日開野博・山下正國編著（2010）『四訂版　社会福祉概論——その基礎学習

のために』中央法規出版。

厚生労働統計協会編（2015）『国民の福祉と介護の動向・厚生の指標　増刊・第62巻
　　第10号　通巻第977号』厚生労働統計協会。

大橋謙策・白澤政和編著（2012）『現代社会と福祉』ミネルヴァ書房。

岡本民夫・田端光美・濱野一郎・古川孝順・宮田和明編（2007）『エンサイクロペ
　　ディア社会福祉学』中央法規出版。

読者のための参考図書

松原康雄・圷洋一・金子充編著（2015）『社会福祉　基本保育シリーズ④』中央法規
　　出版。

　　──社会福祉施設の費用負担や利用にあたっての方式等について述べられている。
　　　　また，社会福祉施設の目的や種類の他，運営状況等についても要点を押さえな
　　　　がらコンパクトにまとめられている。

相澤譲治編（2015）『七訂　保育士をめざす人の社会福祉』みらい。

　　──第4章では，最近の福祉サービスの利用方式導入についても取り上げられてお
　　　　り，特に2012（平成24年）の子ども・子育て3法の成立によって導入された子
　　　　ども・子育て支援方式における利用手続き等についてもコンパクトに説明され
　　　　ている。

第 8 章

社会福祉専門職・実施者

　社会福祉の専門職は，さまざまな分野，職種で活躍している。活躍の場はさまざまではあるが，根底にある倫理観・価値観は同じである。それらを共有しながら連携し，生活課題をもつ人の支援にあたっている。この章では，主な社会福祉の分野で働く専門職や，関連領域の職種を紹介している。それぞれの職種・資格や仕事内容を理解し，ネットワーク形成に役立ててもらいたい。またこれから社会福祉の分野で働くことを希望している学生は，各分野の職種や仕事内容を理解し，将来の仕事の選択に活かしてもらいたい。

1　社会福祉の国家資格と仕事の領域

社会福祉士

　日常生活の継続に支援が必要な人や家族からの相談を受け，解決のための支援を行う専門職である。個々の生活状況や人間関係，本人の希望を把握しながら，生活環境の整備を行い，社会生活の場で解決し自立を支援する。社会福祉士は幅広い分野で相談援助職の専門家として働いている。業務独占ではないため，相談援助に携わるすべての人が社会福祉士ではない。しかし地域包括支援センターでは，常勤の必置職員となっているように，社会福祉士でなければできない仕事も増えている。

介護福祉士

高齢者や障害者等の介護を必要とする人の，日常の生活を支えるための主に身体的な介護や精神的な支援を行う介護の専門職である。専門的な知識や技術を駆使し，介護が必要な人がその人らしい自立した生活を送れるようにする。また家族を支え，介護の指導を行うことも仕事である。介護福祉士は名称独占の資格のため，介護福祉士でなくても，介護に従事することはできる。しかし喀痰吸引などの行為は，介護福祉士か一定の研修を受けた介護職員等でなければ実施することはできない。今後ますます高齢化が進むなか，介護の専門家として，社会を支える役割は期待される。

精神保健福祉士

精神に障害がある人の病院からの退院支援や，退院後の地域での生活の支援を行う専門職である。社会福祉士は福祉のさまざまな領域で仕事をしているが，精神保健福祉士は精神障害の領域で仕事をしているスペシャリストである。精神保健福祉士は名称独占の資格であるが，後述する精神科ソーシャルワーカー（PSW：Psychiatric Social Worker）や，地域の精神障害者に福祉サービスを提供している事業所の生活支援員等は，精神保健福祉士の資格が求められる。

保 育 士

保護者に代わって子どもの保育を行う子育ての専門職である。保育士は名称独占の資格であるが，保育所は保育士の資格をもつ職員を一定数確保できなければ，運営することはできない。また保育所以外に，児童養護施設や乳児院，障害児の入所・通所施設など社会福祉施設でも保育士の資格が必要とされる。今後も共働きの家庭が増えるなか，社会的養護の担い手として，地域の子育て支援を含め，保育士の役割は広がっている。

保育教諭

2012（平成24）年に成立した「改正認定こども園法」（就学前の子どもに関する

第Ⅰ部　社会福祉の意義と役割，制度と体系

教育，保育等の総合的な提供の推進に関する法律の一部を改正する法律，平成24年法律第66号）により創設された幼保連携型認定こども園では，保育士資格と幼稚園教諭免許の両方をもつ保育教諭が幼児教育・保育を提供する。改正認定こども園法の施行後5年間（2019年度末まで）は，経過措置として，いずれか一方の資格か免許を有していれば保育教諭となることができる。

2　社会福祉の施設や事業所で働く専門職

高齢者福祉分野

・生活相談員・支援相談員…生活相談員は，特別養護老人ホーム（指定介護老人福祉施設），養護老人ホーム，デイサービス（通所介護事業所）などで，主に利用者や家族の相談援助を行う職種である。支援相談員は，老人保健施設において，主に利用者や家族の相談援助を行っている。生活相談員や支援相談員は資格名称ではなく，それらの施設の指定基準に定められている職種の名称である。社会福祉士や社会福祉主事任用資格など一定の定められた要件がないと就くことができない。

・介護支援専門員（ケアマネジャー）・主任介護支援専門員…介護支援専門員は，要介護認定を受けた人に対し，住み慣れた地域で適切にサービスを利用しながら自立した生活を継続していけるように，ケアマネジメントを行っている。在宅だけでなく，介護保険の施設においても，ケアマネジャーの配置が義務付けられている。主任介護支援専門員は，介護支援専門員のなかでも専任として5年（60か月）以上従事し，所定の研修を修了した，ケアマネジャーの上級資格である。地域包括支援センターでは，主任介護支援専門員は常勤の必置職員となっている。

・ホームヘルパー（訪問介護員）・サービス管理責任者…在宅の高齢者（訪問介護）や障害者（居宅介護）を訪問して，利用者の買い物や掃除等の家事援助（生活援助）や，入浴介助や通院同行などの身体介護を行っている。ホームヘルパーになるためには「介護職員初任者研修」の全課程を修了し，修了試験に合

第8章　社会福祉専門職・実施者

格する必要がある。またその上位資格である「実務者研修」を受講し、実務に
3年従事することで、介護福祉士の受験資格を得ることができる。訪問介護事
業所にて常勤専従で働くサービス提供責任者はケアマネジャーのケアプランに
基づき訪問介護計画書を作成し、訪問介護をマネジメントする役割を担ってい
る。

• 福祉住環境コーディネーター…在宅で生活する高齢者や障害者宅のバリアフ
リーのプラン（住宅改修）を考える資格である。1～3級まで検定試験がある。
建築業界や福祉用具メーカーで働いている人が多い。

障害福祉分野

• 生活支援員・就労支援員・職業支援員…障害者支援施設や障害者福祉サービ
ス事業を行う施設（療養介護・生活介護・自立訓練・就労移行支援・就労継続支援）
において、利用者支援を行う職種の名称。それぞれ特に資格要件はないが、施
設の指定基準に定められている。生活支援員は、日常の身体介護、作業の支援、
レクリエーション、日常の悩みの相談、家族の支援などを主に行っている。就労
支援員や職業支援員は、利用者の希望や適性に応じて、仕事の技術の指導や援
助を行う。一般企業への就職を目指す利用者に対しては就職活動や就職先の開
拓、職場定着支援なども行っている。

• サービス管理責任者…障害者支援施設や障害者福祉サービス事業を行う施設
において、利用者の「個別支援計画」の作成や相談支援専門員との連絡調整、
スタッフの指導を行う。サービス管理責任者になるためには、障害者の保健・
医療・福祉・就労・教育の分野における直接支援・相談支援などの業務におい
て5～10年の実務経験をもつ者が、必要な研修を受けることで従事することが
できる。

• 相談支援専門員…障害者や障害児が住み慣れた地域の生活が継続できるよう
に、障害支援区分の認定を受けた者に対し、相談に応じながら、「サービス等
利用計画」を作成し、必要なサービス提供事業所や、施設、行政等との連絡調
整を行う。相談支援専門員になるためには、障害者の保健・医療・福祉・就

労・教育の分野での相談支援・介護等の業務における3～10年の実務経験をもつ者が，相談支援従事者（初任者）研修を修了する必要がある。

• **ガイドヘルパー（移動支援従事者・移動介護従事者）**…「視覚障害」「全身性障害」「知的障害」「精神障害」のある利用者の外出支援（介助）を行う。外出を支援することにより，障害者の積極的な社会参加が可能になる。視覚障害のガイドヘルパーは「同行援護従事者」，精神障害のガイドヘルパーは「行動援護従事者」と呼ばれる。それらの資格は障害別に，各都道府県や政令指定都市が指定した研修を受講し，修了すると取得することができる。

• **障害者職業カウンセラー・職場適応援助者（ジョブコーチ）**…高齢・障害・求職者雇用支援機構職員の職種のひとつ。障害者が職場に適応できるように，職場に出向き，雇用主との調整や障害者の相談や支援を行う。ジョブコーチによる支援は，国の制度として地域障害者職業センターが実施するもの，地方自治体の事業として行っているもの，民間の社会福祉法人などが独自に行っているものがあり，仕事の範囲，処遇，研修などにそれぞれ特徴や相違点がある。

• **手話通訳士**…手話を用いて聴覚障害者とのコミュニケーションの仲介や伝達等を図ることを仕事とする資格。手話通訳技能認定試験（手話通訳士試験）に合格すると取得することができる。

児童福祉分野

• **児童指導員**…児童養護施設，乳児院，障害児入所施設，児童発達支援センター，児童心理治療施設等の児童福祉施設において，保育士と共に，保護者に代わり子どもたちを援助，育成，指導を担当する。資格名称ではなく，それらの施設の職員配置基準に定められている職種であり，児童指導員任用資格がなければ就くことができない。

• **児童自立支援専門員・児童生活支援員**…児童自立支援施設において，非行を犯した少年や非行を犯す恐れのある少年と寝食をともにしながら生活指導を行い自立を支援する。資格名称ではなく，児童自立支援専門員は，社会福祉士や養成機関を卒業した者等，児童生活支援員は社会福祉士などの資格要件が定め

られている。

- 母子支援員・少年指導員…母子生活支援施設において，母子支援員は母親に対する就労支援や子育ての相談に応じ，少年指導員は子どもの学習指導や生活指導を行っている。母子支援員は保育士や社会福祉士，精神保健福祉士等の資格要件が求められる。少年指導員は特に要件は定められていない。

- 家庭支援専門相談員（ファミリーソーシャルワーカー）…児童養護施設，乳児院，児童自立支援施設，児童心理治療施設等の児童福祉施設において，被虐待児の家庭復帰や里親委託ができるように相談援助を行う。家庭支援専門相談員になるためには，社会福祉士または精神保健福祉士の資格等が必要である。

- 里親支援専門相談員（里親支援ソーシャルワーカー）…里親支援を行う児童養護施設および乳児院において，里親委託の推進および里親支援の充実を図る。社会福祉士または精神保健福祉士の資格等が必要である。

- スクールソーシャルワーカー（SSW）…学校や日常生活上で，さまざまな課題をもつ子どもと家庭に対する相談支援や学校・社会・制度等の調整を行う仕事をしている。スクールソーシャルワーカーの任用要件はさまざまであるが，社会福祉士・精神保健福祉士の資格がある者，その他，教育や福祉の分野において活動経験の実績等がある者でなければならない。

社会福祉協議会

- 福祉活動専門員…社会福祉協議会において，地域住民の生活課題に対し，住みやすいまちづくりを目的に，住民主体で生活課題に取り組めるようその過程を支援する専門職員である。地域住民の相談からボランティアの養成，地域課題の調査や地域のイベント企画や実施を行う。社会福祉主事任用資格か社会福祉士の資格が求められる。

- 日常生活自立支援事業の専門員・生活支援員…日常生活自立支援事業における専門員（原則常勤）は，社会福祉協議会に常駐し，申請者の実態把握，支援計画作成，契約の締結，生活支援員の指導等を行う。生活支援員（非常勤）は，専門員の指示を受け具体的な援助を提供する。専門員の資格要件は，原則社会

第 I 部　社会福祉の意義と役割，制度と体系

福祉士となっている。生活支援員の資格要件は特に定められていない。

保健医療機関

- 医療ソーシャルワーカー（MSW：Medical Social Worker）…医療機関（病院等）に所属し，患者や家族からの医療費や生活費などの経済的な問題，退院先や退院後の生活相談，入退院にかかわるさまざまな心理的・社会的問題の相談に応じ，他職種や他機関との調整を行いながら，社会復帰支援を行っている。資格要件はないが，社会福祉士の資格が求められる。
- 精神科ソーシャルワーカー（PSW：Psychiatric Social Worker）…精神科や心療内科をもつ病院や診療所で，患者に対して相談援助を行う。患者の抱える生活問題の解決のための援助や，社会参加に向けての支援活動を医師や看護師，作業療法士，心理士と連携を取りながら支援を行う。精神保健福祉士の資格が必要である。

司法関係

- 福祉専門官…刑務所などの矯正施設から出所する高齢者や障害者に対し，再犯を防ぐことを目的に社会復帰支援を行う。刑務所を出た後の福祉サービス利用に向けて在所中から調整する役割を担っている。5年以上の相談援助経験のある社会福祉士か精神保健福祉士が採用の条件である。
- 専門職成年後見人（職業後見人）…親族ではなく専門家が，判断能力が衰えた人の後見人になることをいう。弁護士，司法書士，行政書士，税理士，福祉関係では，社会福祉士や精神保健福祉士等がこれを務める。認知症や知的障害，精神障害のため，判断能力が不十分な高齢者や障害者が金銭管理や身上監護などで不利益を受けないよう，支援する専門職である。

地域で活動している福祉の専門職

- 民生委員・児童委員…地域住民の立場で，管轄する区域内の高齢者や障害者等，生活に困りごとを抱える世帯の相談活動を行っている。民生委員は厚生労

働大臣から委嘱された非常勤（無報酬）の地方公務員である。また児童福祉法により「児童委員」も兼ねている。児童委員は，妊娠中の心配ごとや子育ての不安などの相談・支援等を行う。一部の児童委員は児童に関することを専門的に担当する「主任児童委員」の指名を受けている。

• 福祉委員…社会福祉協議会からの委嘱（無報酬）により，地域の福祉活動を推進する役割を担う。地域の行事に積極的に参加しながら，高齢者や障害者，子育て世帯や困りごとのある世帯の相談支援の活動を行う。民生委員・児童委員と協力しながら活動する。

• 認知症サポーター…認知症対策「新オレンジプラン」の施策のひとつで，認知症サポーター養成講座を受講した者に与えられる名称である。地域の高齢者や認知症の人びとへの理解や見守り，また専門機関への連絡などが期待されている。講師はキャラバンメイトと呼ばれる同養成研修を受講・修了した医療従事者や介護従事者，民生委員・行政職員等で，原則ボランティアで養成講座の開催企画などを行っている。

• 子育てサポーター・子育てサポーターリーダー…地域で子育てをしている家族に気軽に相談やアドバイスを行うボランティアである。自治体の実施する子育てサポーター養成講座を受講することで名称が与えられる。子育てサポーターリーダーは，自治体が開催する家庭教育講座やファシリテーター（会議などを円滑にすすめるための進行役）の研修を受け，子育てサポーター資質の向上や関係機関との連携を果たす役割を担っている。

3 社会福祉行政機関の専門職

福祉行政で働くためには，大学等で取得できる社会福祉主事任用資格が必要である。常勤の公務員として働くためには各自治体の地方公務員試験に合格しなければならない（非常勤の職員であっても社会福祉主事任用資格は必要）。

第Ⅰ部　社会福祉の意義と役割，制度と体系

福祉事務所

① 生活保護

・現業員（ケースワーカー）…生活保護を受給する要保護者の資産，環境等を調査し，保護の必要性を判断し，本人やその世帯に対し生活指導や自立支援を行う。

・査察指導員（スーパーバイザー）…現業員の指導監督を行う。

② 高齢者福祉

・老人福祉指導主事…老人福祉に関して，他の福祉事務所の職員に対して技術的指導や情報提供を行う。また，地域住民の老人福祉に関する相談や調査，指導を行う。

③ こども家庭福祉

・家庭児童福祉主事…福祉事務所の家庭児童相談室で働く社会福祉主事である。家庭児童福祉に関する技術的指導および家庭児童福祉に関する福祉事務所の業務のうち専門的技術を必要とする業務を行う。

・家庭相談員（非常勤の職員）…家庭児童福祉に関する専門的技術を必要とする相談指導業務を行う。

・母子・父子自立支援員…ひとり親家庭または寡婦家庭に対し，生活一般の相談に応じ，経済的・教育など諸問題の解決を助け，その自立に必要な指導を行う。

身体障害者更生相談所・知的障害者更生相談所

・身体障害者福祉司…身体障害者更生相談所や福祉事務所で，身体障害者に関して，また他の福祉事務所の職員に対して，技術的指導や情報提供を行う。身体障害者の相談や調査などで，専門技術が必要な仕事を行う。

・知的障害者福祉司…知的障害者更生相談所や福祉事務所で，知的障害者の福祉に関して，福祉事務所の所員に対して技術的指導や情報提供を行う。知的障害者の相談や調査などで，専門技術が必要な仕事を行う。

児童相談所

- 児童福祉司…児童福祉法により都道府県の設置する児童相談所に配置されている。児童の保護，その他児童の福祉に関する事項について，相談・指導などの業務を行う。児童相談所には，この他の福祉の職員として，児童指導員，保育士などもいる。

婦人相談所

- 婦人相談員（原則非常勤の職員）…売春防止法，また配偶者からの暴力の防止及び被害者の保護に関する法律に基づく業務を行っている。都道府県婦人相談所，市福祉事務所等に所属し，要保護女子，DV 被害者の相談・指導を行う。

精神保健福祉センター

- 精神保健福祉相談員…精神保健福祉に関する相談，管轄地域内の実態把握や訪問指導，家族会に対する援助や指導，教育や広報活動および協力組織の育成，関係機関との連携活動，精神障害者保健福祉手帳・自立支援医療（精神通院医療）に関する事務などを行っている。保健師または精神保健福祉士の資格が必要とされる。

4 関連領域のおもな専門職

保健医療領域

- 医師…医師法に基づき，医療，保健指導を行う。保健医療機関に勤める医師は，治療方針の決定と実際の治療を，他職種と連携しながら行っている。医師は老人保健施設や指定医療型障害児入所施設など医療法に規定されている福祉施設にも配置されている。
- 看護師…医師の診療の補助，患者の療養上のケアや観察を行っている。看護師は，特別養護老人ホームや児童養護施設など常勤の医師の配置基準のない福祉施設で，利用者の健康状態の把握や医療機関との連携にあたっている。

第 I 部　社会福祉の意義と役割，制度と体系

- **保健師**…地域住民の健康予防や健康増進をすることを役目としている。多くの保健師は保健所・保健センター等で行政の公務員として働いているが，地域包括支援センターに必置の職員としては，高齢者の相談や介護予防に努めている。

- **理学療法士（PT）**…医師の指示のもと，高齢者や障害者の身体機能や運動機能（歩行や起き上がりなど）の回復や維持・予防のためのリハビリの専門職。医療機関だけでなく，老人保健施設や障害児入所施設など福祉施設や事業所に配置されている。

- **作業療法士（OT）**…社会適応のための（食事，調理，掃除など）細かな動作の能力回復を行うリハビリの専門職。医療機関だけでなく，高齢者，障害者の施設や事業所に配置されている。

- **言語聴覚士（ST）**…言語能力や音声機能，聴力の回復のためのリハビリの専門職。ことばによるコミュニケーション能力の回復だけでなく，高齢者の嚥下の訓練などにも対応している。医療機関だけでなく，高齢者，障害者の施設や事業所にも配置されている。

- **義肢装具士**…義肢装具士は医師の処方により，手足になんらかの障害をもつ者に対し，義肢装具の採型・採寸を行い，作成ならびに適合・調整を行う専門職。

- **臨床心理士**…心理学などの知識に基づき，カウンセリング（心理相談）や心理療法などを行う専門職。民間の認定資格で 5 年ごとの資格更新制となっている。児童相談所や児童養護施設などの児童福祉施設に心理療法担当職員として配置されている。またスクールカウンセラーの任用要件となっている。

- **公認心理師**…保健医療，福祉，教育その他の分野において，心理学に関する専門的知識および技術をもって心理に関する支援を要する者に，その心理に関する相談および助言，指導その他の援助等を行う。2015（平成27）年 9 月 9 日に議員立法により成立した新しい国家資格である。第 1 回国家試験は，2018（平成30）年までに実施される予定となっている。

- **管理栄養士・栄養士**…管理栄養士は，厚生労働大臣の免許を受けた国家資格

で，患者や食事がとりづらい高齢者等の個別の栄養指導や，給食管理を行っている。医療機関では，医療チームの一員として医療職種と協力し患者の食と栄養面のサポートを行っている。栄養士は都道府県知事の免許を受けた国家資格で，主に健康な人を対象にして栄養指導や給食の運営を行う。食事を提供する福祉施設において，管理栄養士や栄養士は配置され，利用者の食事の管理にあたっている。

教　　育

• **特別支援学校教諭**…障害のある幼児児童生徒の支援を行う学校または教室で，生徒1人ひとりの自立や社会参加に向けた主体的な取り組みを行う。幼稚園，小学校，中学校，高等学校，いずれかの教員免許に加えて，特別支援学校教諭免許状が必要である。

• **スクールカウンセラー**…小学校，中学校，高校に配属されている心理学の専門相談員。生徒の不登校やいじめなどの問題の相談だけでなく，保護者や教職員の相談にも対応している。スクールカウンセラーとして働くには，精神科医や臨床心理士などの資格が必要である。

司　　法

• **弁護士**…弁護士法に基づき，法律の専門家として，当事者その他関係人の依頼または官公署の委嘱により，裁判時の代理人業務，交渉，法律相談などを行う。また専門職後見人として，財産管理や身上監護を担っている。

• **保護司**…保護司法に基づき，刑務所から釈放後者や少年院から出所した少年がスムーズに地域で社会生活を送れるようにサポートしている。法務大臣から委嘱された非常勤の国家公務員であるが，無報酬で活動している。保護観察官と協働して保護観察にあたるほか，住居や就業先などの帰住環境の調整や相談を行っている。

• **人権擁護委員**…人権擁護委員法に基づき，人権相談や人権の考えを広める活動を行っている。法務大臣から委嘱された民間ボランティア（無報酬）である。

第Ⅰ部　社会福祉の意義と役割，制度と体系

　人権擁護委員は法務局，地方法務局またはその支局内の常設相談所で，面接または電話で人権相談（無料）にのっている。また定期的に社会福祉施設を訪れ，人権尊重の重要性を訴える人権啓発活動を行うとともに，特設相談所を開設している。

　関連領域の他職種の紹介をしてきたが，これらは一部にすぎない。本人や家族の課題を，ネットワークを構築しながら解決に向けて動く場合，当事者の利益となる方向で，他の専門職や地域の人的資源を理解し活用していかなければならない。また他の専門職へコンサルテーション（同じ職種間ではなく他の専門職への相談）ができる関係づくりも必要である。当事者の生活課題の解決に向けて，複数の機関が円滑に連携を行うためにも，社会福祉の専門職は支援の要となり，解決に向けての情報の共有や責任の所在を明らかにすることが求められる。

参考文献
山縣文治・柏女霊峰編（2013）『社会福祉用語辞典（第9版）』ミネルヴァ書房。
WAM　NET（ワムネット）独立行政法人福祉医療機構（http://www.wam.go.jp/content/wamnet/pcpub/top/）。
現代けんこう出版 編集部（編集）（2016）『医療／介護／福祉　コンパクト用語集（改訂第5版）』現代けんこう出版。

読者のための参考図書
山縣文治・岡田忠克編（2016）『よくわかる社会福祉（第11版）』ミネルヴァ書房。
　　──社会福祉の専門職について，各分野の法律や制度などから，ソーシャルワーカーの仕事や役割等をわかりやすく解説している。

第 9 章

社会福祉における相談援助

　私たちは生活をする上で困ったとき，誰かに相談してアドバイスや情報の提供を受けて対応していく。相談援助とはこのような相談に専門職が対応することにより，困った状況を改善・解消していこうとする営みである。専門職の立場から相談援助を捉えると，専門的知識および技術を用いて相談に来た人（相談者）の相談に応じ，必要な助言や指導を行うこと，相談者が必要とするサービス提供者等との連絡や調整を行う等の援助行為である。本章では，相談援助を実践するために求められる基礎的な知識についてとりあげていく。

1　相談援助技術の体系

　相談援助[(1)]（ソーシャルワーク）によって，生活上の困難さをよりよい方向にしていくためにはひとつの方法だけではなく，状態やおかれている状況にあわせてさまざまな方法を用いていく必要がある。ここでは相談援助で用いる技術について表にまとめるとともに，以下では，「直接援助技術」「間接援助技術」について詳述する（表9-1）。

直接援助技術

　「直接援助技術」の「直接」とは，利用者（個人や家族，グループメンバー）に対面して（＝直接）関わりながら援助を行うことを指している。直接援助技術には個別援助技術と集団援助技術が含まれる。これらに加えて，介護援助技術

第 I 部　社会福祉の意義と役割，制度と体系

表 9-1　相談援助技術の体系

直接援助技術	個別援助技術 （ソーシャル・ケースワーク，ケースワーク）	相談者の抱える課題に対して，個別（個人，家族など）に解決・解消を図る
	集団援助技術 （ソーシャル・グループワーク，グループワーク）	グループ（小集団）のもつ力を活用しながら，メンバーである相談者の困難さや，グループ全体が直面している問題の解決・解消を図る
間接援助技術	地域援助技術 （コミュニティ・オーガニゼーション，コミュニティワーク）	地域（コミュニティ）に発生する課題を住みよい街づくりのために地域住民が主体（主人公）となって解決できるように支援する
	社会福祉調査法 （ソーシャルワークリサーチ）	社会福祉のサービスをより効果的に提供するために必要となる基礎データを得るために行う
	社会福祉計画法 （ソーシャルプランニング）	福祉に関する計画を立てる際に活用される
	社会福祉活動法 （ソーシャルアクション）	福祉に関する制度や社会福祉サービスの改善や開発を求めて，国や地方自治体などの行政に働きかけていく
	社会福祉運営管理法 （ソーシャルアドミニストレーション）	よりよいサービス提供をするための社会福祉施設の経営や運営に関する方法
関連援助技術	ケアマネジメント	利用者の抱える生活上の問題を解決するために，必要な社会資源を一体的に結び付ける
	カウンセリング	問題を抱える相談者と面接を行うことを通して，相談者が心理的に安定し，生活への適応を図ることをめざす
	ネットワーキング	所属組織や居住地域，既存組織などの差異や制約を超えて，援助活動の展開のために，動態的かつ創造的なつながりを創っていくこと
	スーパービジョン	新人や中堅の援助者に対して監督や指導，訓練を行い，専門性の向上や効果的な援助実践を目指していく
	コンサルテーション	援助者の実践活動を支持することを目的に，医師や弁護士など社会福祉とは異なる領域の専門家から助言を受けること
	記　録	ケース記録や報告書などさまざまな種類があり，援助内容を正確に書き残すために行われる

第 ⑨ 章　社会福祉における相談援助

や保育援助技術も直接援助技術に含めている場合もある[(2)]。

個別援助技術

個別援助技術（ソーシャル・ケースワークやケースワークともいう。以下，ケースワーク）とは，個人や家族といった相談者（利用者やクライエントともいう）に「個別」に向き合い，個別的に解決・解消を図っていく方法である。

たとえば，孤立した子育て状況におかれている保護者へのケースワークについて考える。相談者と面接を行い，抱えている思いを聴いて受容し，これまでの経緯を確認するとともに相談者の「生活」について聴き取りを行う。「生活」には，相談者個人や同居・別居等の家族状況や，友人や近隣住民，勤めている会社（相談者が個人的・私的に結んでいる関係，インフォーマルネットワークともいう），保育所の利用や保健師，民生委員・児童委員（公的サービスの利用や公的な立場の人との関わり，フォーマルネットワークともいう）など，支えになっている人や組織といった社会資源（生活する上で活用できるものの総称）も含まれている。継続的に面接を行い，相談者の気持ちや状況を聴き，聴き取った情報をもとに，子育てを支えるために必要なサービスや支援について相談者と共に考え，サービスや支援を実際に活用しながら相談者らしい子育てができるように活動を行う。このようにケースワークには，相談者の思いや考えを聴く心理的な支援を行う側面と，サービスが使えるように相談者とサービスをつなげていくなどの環境を整える側面がある。

また，よりよい援助を行うために必要になる相談者と援助者間に良好な援助関係を構築するために，バイスティックは7つの原則をまとめている[(3)]。

集団援助技術

集団援助技術（ソーシャル・グループワークやグループワークともいう。以下，グループワーク）とは，グループ（小集団）のもつ力（集団力学，グループダイナミクス）を活用しながら，メンバーである相談者の困難さや，グループ全体が直面している問題の解決・解消を図っていく方法である。

113

第Ⅰ部　社会福祉の意義と役割，制度と体系

　たとえば，孤立状態で子育て中の人が同じような立場の人びととグループ活動を行うことにより，気持ちの分かち合いや，他メンバーの工夫から自身の子育ての知恵を生み出したり子育ての見通しをもつことができる。また自分が他メンバーにとって意味のある存在になる可能性もある。このようにグループ活動だからこそ得られるものを活用していく。

　グループワークを展開していく際は，グループのもつ力がメンバーにプラスに働く場合だけでなく，メンバー間の関係悪化や参加できないメンバーが生じる場合もあることを念頭においておく。グループ内に混乱や葛藤が生じた場合，メンバー同士が話し合い，折り合いを見つけていくことや新しい方法を模索するなど，グループのもつ力が各メンバーに有効に働くよう援助者はファシリテーター（活動を促進する人）としてさまざまな側面的な支援をしていく。

間接援助技術

　相談援助を実践する技術の種類のひとつに，生活を営んでいる地域（コミュニティ）などに働きかけて（＝間接的に）そこで生活する人びとを援助することをめざす「間接援助技術」がある。間接援助技術には，地域援助技術や社会福祉調査法，社会福祉計画法，社会福祉活動法，社会福祉運営管理法がある。

地域援助技術

　地域援助技術（コミュニティ・オーガニゼーションやコミュニティワークともいう。以下，コミュニティワーク）とは，住みよい街づくりのために地域（コミュニティ）に発生するさまざまな課題を地域住民が主体（主人公）となって組織的に解決できるように側面的に支援していく方法である。

　コミュニティワークでは，地域で生活するなかで抱えるさまざまな生活課題を，その個人や家族だけが抱える固有の問題としてではなく，地域住民の共通的課題と捉えていく。そして，地域が組織的かつ協働的に解決できるように，社会資源の発掘・整備を行う環境づくりや，課題に対する地域住民の意識を高めて活動への参加を促進していくような働きかけを行っていく。しかし地域に

第 9 章　社会福祉における相談援助

は人や社会資源とつながれていないといった社会的に孤立し不利な状態におかれている人びとが存在する。よってコミュニティワークでは，社会的に孤立状態の人と地域のつながりを創り出していくことも行われている。

社会福祉調査法

社会福祉調査法（ソーシャルワークリサーチ）とは，地域住民が抱えている課題を明らかにするために行う調査や，既存のサービスの満足度調査など，社会福祉のサービスをより効果的に提供するために必要となる基礎データを得るために行う方法である。

調査方法としては，アンケート調査などの調査票（質問紙）を用いて行う「統計調査」と，調査対象者と対面して聞き取りを行う「事例調査」がある。統計調査では幅広いデータの収集が可能であり，事例調査では統計調査では把握できない深い内容のデータの収集が可能であるため，調査目的を明確にした上で，より適した方法を用いて調査を実施する。

社会福祉計画法

社会福祉計画法（ソーシャルプランニング）とは，地域住民が抱える福祉ニーズに対応するための方策を実現していくために，具体的な計画を立てる際に活用される方法である。市町村が子育て支援など福祉に関する計画を立てる際にこの技術が使われる。

地域福祉の推進のために立てられる「地域福祉計画」の策定においては，行政や社会福祉協議会だけではなく，障がいのある当事者や子育て中の人，地域住民，福祉関係者など，地域で生活するさまざまな立場の人が計画策定のプロセスに参加している。また作られた計画は，福祉ニーズに対応するための方策の実現をさらに進めていくために，5 年ごとなどに評価・見直しされ，より実効的な内容に修正される。

115

第Ⅰ部　社会福祉の意義と役割，制度と体系

社会福祉活動法

　社会福祉活動法（ソーシャルアクション）とは，福祉に関する制度や社会福祉サービスの改善や開発を求めて，国や地方自治体などの行政に働きかけていく方法である。

　何らかの課題を抱えて困っているときに，既存の制度やサービスでは十分に対応できない場合や，そもそも制度やサービスがない場合がある。そのような場合，制度やサービスができることを待つのではなく，実情を訴えて社会や行政に働きかけることが求められる。わが国では障がいのある人の地域生活において当事者が支援者とともに社会や行政に働きかけて制度やサービスをつくり，充実させてきた実績がある。ビラ配りや署名運動，デモ行進などで社会へ働きかけて支援者を拡大していくことや，議会への陳情や請願などのアピールを行い，制度やサービスに結びつけている。

社会福祉運営管理法

　社会福祉運営管理法（ソーシャルアドミニストレーション）とは，社会福祉施設や機関が合理的かつ効率的，効果的に社会福祉サービスの提供ができるようにするための，社会福祉施設の経営や運営に関する方法である。広い意味では，国や自治体の社会福祉行政，制度の運営管理を含んでいる。

　社会福祉施設や機関が利用者によりよいサービスを提供するためには，財源や専門職の確保，職員研修や適切な労務管理，施設や設備の整備，法令遵守（コンプライアンス）も考慮した運営管理が求められる。またサービスの質を向上させるためには，施設の理念を明示した上で，計画に基づいた運営を行い，振り返りをしながら運営や支援方法・内容を見直し，改善に努めることが求められている。今日，情報提供・開示や第三者評価，苦情解決の仕組みなど，開かれた運営管理が求められている。

関連援助技術

　ソーシャルワークにおける援助の質を高めるための関連分野の技術を総称し

第 9 章　社会福祉における相談援助

て「関連援助技術」としてまとめている。関連援助技術には，ケアマネジメントやカウンセリング，ネットワーキング，実践を支えるためのスーパービジョンやコンサルテーション，記録がある。

2　援助の過程（プロセス）

援助者は利用者とパートナーシップ関係のもと協同作業として援助の過程・プロセスを図のように進めていく（図9-1）。

ケースの発見，受理面接（インテーク）

ソーシャルワークのプロセスは援助者（ソーシャルワーカー，以下ワーカー）と利用者（以下，クライエント）との出会い（＝ケースの発見）から始まる。クライエント自らが相談機関に来る場合もあれば，ワーカーがクライエントの抱える問題状況を発見する場合もある。ワーカーが地域に出向きクライエントを発見し，支援に結び付けていくアウトリーチも重要である。

援助が開始される段階を受理面接（以下，インテーク）という。インテークでは，①クライエントがワーカーに何を相談したいのか伝える（主訴〔＝問題の要点〕の提示），②ワーカーができる援助について伝える（所属機関の機能説明），③クライエントが抱える問題の解決にむけて協同で行うかどうか確認する（契約）が行われる。この段階では，協同作業にむけてワーカーとクライエントの間で信頼関係（ラポール）を形成することが重要であるため，クライエントの話にしっかり耳を傾けること（傾聴），および，クライエントが抱える問題を簡単に類型化してとらえるのではなく「個別化」すること，緊急性の検討を行うことなどが重要である。

事前評価（アセスメント）

事前評価（以下，アセスメント）は，問題把握をもとにニーズを確定し，支援目標・標的の設定をしていく段階である。

第Ⅰ部　社会福祉の意義と役割，制度と体系

図9-1　援助の過程・プロセス

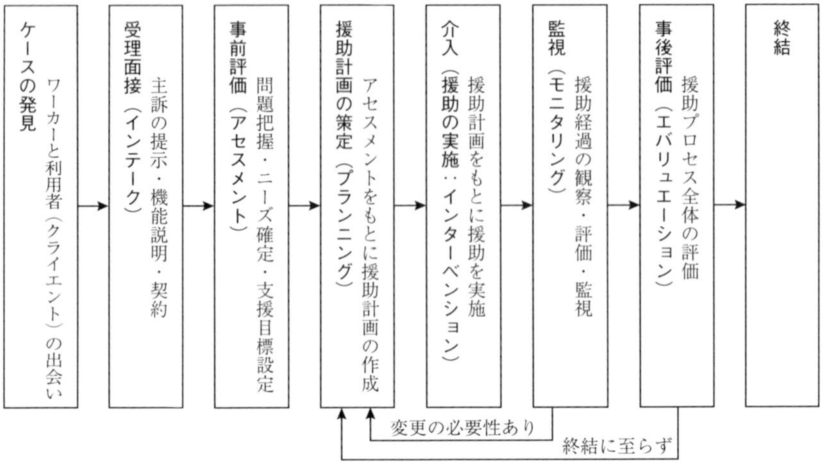

ケースの発見	受理面接（インテーク）	事前評価（アセスメント）	援助計画の策定（プランニング）	介入（援助の実施：インターベンション）	監視（モニタリング）	事後評価（エバリュエーション）	終結
ワーカーと利用者（クライエント）の出会い	主訴の提示・機能説明・契約	問題把握・ニーズ確定・支援目標設定	アセスメントをもとに援助計画の作成	援助計画をもとに援助を実施	援助経過の観察・評価・監視	援助プロセス全体の評価	

変更の必要性あり　　　　終結に至らず

はじめに必要な情報収集が行われる。援助においては「状況のなかの人」としてクライエントをとらえ，「人」（身体的状況，心理的・情緒的側面，家族関係や人間関係の状況など）や，生活している「環境」（住まいの状況，経済的状況，使用しているサービスや関係機関の有無など）に加えて，「人」と「環境」がお互いどのように影響しあっているのかという交互作用についても焦点を当てて，問題の把握をしていく。インテーク段階で聴くクライエントの主訴は希望や要求という形で表明されることが多いため，表明された希望や要求と情報収集内容をもとに問題を把握したうえで，ワーカーが所属している機関で対応可能な支援も踏まえつつ，解決する問題として専門的援助の必要性（ニーズ）を確定していく。

　さらに，クライエントとの面談を通してより詳細な情報収集を行いながら，集めた情報について，今起こっていること，原因，クライエントの対処能力や強さ，どのようなニーズを満たす必要があるのかなどの視点でまとめつつ分析を行い，全体の状況を明らかにしていく。明らかになった全体の状況をもとに，援助の最終的な目標（ゴール）を明確にするとともに，「誰が何をするか」，「どの社会資源をどのように活用していくか」というような，目標達成のための小

第 ⑨ 章　社会福祉における相談援助

さな目標（標的）を明確にしていく。

　アセスメント作業はクライエントも参加して行うことが求められる。また，できない・できていないことばかりに着目するのではなく，クライエントや環境がもつ力にも目を配り（ストレングス視点），もっている力を伸ばすことやクライエント自身が力づいていくこと（エンパワメント）も含めてアセスメントを行うことが重要である。

援助計画の作成（プランニング）

　アセスメント結果をもとに援助計画を作成する。援助計画の作成段階では，アセスメントで明確にした援助の目標や標的について，クライエントや環境がもつ力の活用や活用方法がまず検討される。そこで不足するものに対して，社会資源の活用と活用方法の検討を行っていく。新しく活用する社会資源によって，クライエントや環境がもつ力に悪影響が及ぼされないことを確認しながら，クライエントの抱える問題が解決し，よりよい方向になるように援助計画を作成する。援助計画の作成の際，多（他）職種との連携が必要な場合など，ケース検討会やケース会議が開かれる場合もある。

介入（支援の実施：インターベンション），監視（モニタリング）

　支援の実施は作成された援助計画をもとに行われる。実施にはクライエントとの面談やクライエントと社会資源をつないでいくといったクライエントに直接かかわる側面と，クライエントの周りの人や地域機関など社会資源に働きかける側面とがある。

　支援開始後，援助計画に基づいた支援が的確に進んでいるか，状況に変化がないか，問題が発生していないかなど，経過の観察・評価を行うとともに，サービスの実施状況に関する監視を行う。この段階をモニタリングという。モニタリングの結果，何らかの不都合や援助計画に変更の必要性が確認された場合，再度アセスメントを行い，援助計画の作成を行う。

119

第 I 部　社会福祉の意義と役割，制度と体系

事後評価（エバリュエーション），終結

　事後評価とは，実施された支援の適切さや，支援結果についての効果測定などを行うことを通して，援助プロセス全体を評価することである。事後評価にクライエントが参加することによって，クライエント自身が取り組みを再確認でき，自信につなげることもできる。

　事後評価において問題が解決した場合や問題は残ってはいるがクライエント自身が対応できるようになっていることが確認された場合，終結に至る。終結に至らない場合は援助計画の作成に戻る。終結に向かう際は，クライエントに対して終結に向かっているという意識付けを行っていくこと，また，終結後に何か困ったことがあれば相談可能であることも確認しておく。

3　相談援助の展開

ジェネラリスト・ソーシャルワークの必要性

　生活上の問題を解決するためには，相談者への個別支援だけではなくグループの力を使うこと，地域社会への働きかけも必要になってくる。言い換えると，ミクロレベル（個人，家族）からメゾレベル（グループ，組織，地域住民），マクロレベル（地域社会，政策）に至るまで，すべてのレベルへの働きかけが必要となってくる。これまでの援助では，ミクロレベルはケースワーク，メゾレベルはグループワーク，マクロレベルはコミュニティワークなど，実践レベルと方法が分けられて実践されることが多かった。また専門性の確立をめざすなかで，ひとつの専門領域の実践に特化したソーシャルワーク（スペシフィック・ソーシャルワーク）が重視されてきた流れもあった。しかし，生活上の困難さを解消していくために，すべてのレベルへの支援を包括的に行う必要性が言われるようになり，領域特定的なスペシフィック・ソーシャルワークではなく，包括的（ジェネラル）なソーシャルワーク実践が重視されるようになった。

　このような背景のもと，個人，グループ，コミュニティ等を分断せず，「状況のなかの人」への支援として，ケースワーク，グループワーク，コミュニ

ティワークの主要な援助方法の統合化がめざされ、ジェネラリスト・ソーシャルワークとして体系化された。ジェネラリスト・ソーシャルワークとは、ケースワーク、グループワーク、コミュニティワークの3方法を融合しソーシャルワークとして一体のものとして捉え、ソーシャルワークの価値に基礎をおきつつ、個人と環境の関係性や人間理解、問題の把握、問題解決の方法といった共通基盤をもとに実践するものであり、複雑かつ多様化した生活問題に対して、多様な展開と多方面に機能を発揮することをめざすソーシャルワークである。

ソーシャルワーク実践の展開にむけて

今後さらに進んでいく高齢化社会を見据えて、厚生労働省では高齢者が尊厳を保持しながら可能な限り住み慣れた地域で、高齢者自身が参加しながら、地域で包括的な支援やサービス（地域包括ケア）を受けて、自分らしい暮らしを人生の最期まで続けることができるようになることを推進している。障害のある人においても、誰もが排除されることなく地域社会で日常的な暮らしを送ることは社会福祉実践の目標のひとつである。誰もが生活者として地域で暮らしていけるように、地域包括ケアとして必要な支援を包括的かつ継続的に受けていける仕組みが今後ますます必要になってくる。

このような地域包括ケアを提供するために、先述したジェネラリスト・ソーシャルワークの実践が求められている。さらに地域生活を支えていくために、社会福祉に関する専門職だけではなく、医療や教育などの多職種協働による支援も今後ますます求められている。

注

(1) 久保・林・湯浅（2013）では、保育士養成課程における「ソーシャルワーク」に関する科目名について、従来「社会福祉援助技術」が用いられてきたが、2010年の改正により「相談援助」に変更されたとして、「相談援助をソーシャルワークと同意としてとらえ」（久保・林・湯浅、2013：12）論じられている。また、一般社団法人日本社会福祉士養成校協会演習教育委員会によってまとめられた『相談援助演

第Ⅰ部　社会福祉の意義と役割，制度と体系

習のための教育ガイドライン』では「個人への支援から地域福祉の増進まで視野に入れて実践する専門職の活動はソーシャルワークであり，社会福祉士が行う『相談援助』と『ソーシャルワーク』は同義だと捉えることができる」（一般社団法人日本社会福祉士養成校協会演習教育委員会，2015：2）とされている。以上を踏まえ，本章では相談援助とソーシャルワークを同意として用いる。

(2)　介護福祉領域において利用者の日常生活動作を補う行為（介護）だけではなく，利用者の生活全体を視野に入れたケアを実践していることから，ソーシャルワークの一技術として介護援助技術を位置付けようとする議論もある。八木（2012）に詳しい。また楳原（2013）では直接援助技術に介護援助技術と保育援助技術を含めて整理している。

(3)　バイスティックがまとめた7原則とは，①クライエントを個人として捉える（個別化），②クライエントの感情表現を大切にする（意図的な感情の表出），③援助者は自分の感情を自覚して吟味する（統制された情緒的関与），④受けとめる（受容），⑤クライエントを一方的に非難しない（非審判的態度），⑥クライエントの自己決定を促して尊重する（クライエントの自己決定），⑦秘密を保持して信頼感を醸成する（秘密保持）である（Biestek＝2006）。

参考文献

岩田正美・上野谷加代子・藤村正行（2013）『ウェルビーイング・タウン社会福祉入門（改訂版）』有斐閣。

山辺朗子（2011）『ジェネラリスト・ソーシャルワークの基盤と展開——総合的包括的な支援の確立に向けて』ミネルヴァ書房。

社会福祉士養成講座編集委員会編（2010）『新・社会福祉士養成講座6　相談援助の基盤と専門職（第2版）』中央法規出版。

社会福祉士養成講座編集委員会編（2010）『新・社会福祉士養成講座7　相談援助の理論と方法Ⅰ（第2版）』中央法規出版。

社会福祉士養成講座編集委員会編（2010）『新・社会福祉士養成講座8　相談援助の理論と方法Ⅱ（第2版）』中央法規出版。

岡田忠克編著（2012）『図表で読み解く社会福祉入門』ミネルヴァ書房。

稲沢公一・岩崎晋也（2014）『社会福祉をつかむ（改訂版）』有斐閣。

平岡公一・杉野昭博・所道彦・鎮目真人（2011）『社会福祉学』有斐閣。

久保美紀・林浩康・湯浅典人（2013）『新・プリマーズ／保育／福祉　相談援助』ミネルヴァ書房。

八木義雄・秋川陽一・倉石哲也監修，大竹智・倉石哲也編著（2008）『社会福祉養成

第 ⑨ 章　社会福祉における相談援助

テキスト②　社会福祉援助技術』ミネルヴァ書房。

楪原直美（2013）「保育相談援助の方法と技術」西尾勇吾監修，立花直樹・安田誠人編『保育現場で役立つ相談援助・相談支援』晃洋書房，73-81。

Biestek, F. P.（1957）*The Casework Relationship*. Loyola University Press.（＝2006，尾崎新・福田俊子・原田和幸訳『ケースワークの原則・新訳改訂版――援助関係を形成する技術』誠信書房。）

八木裕子（2012）「介護福祉士と社会福祉援助技術の概念に関する諸説の検討」広島国際大学医療福祉学部医療福祉学科『広島国際大学医療福祉学科紀要』8：41-62。

中村剛（2010）「社会福祉施設におけるソーシャルワークの理論的枠組みと実践――ジェネラリスト・ソーシャルワークを基盤とした理論的枠組みと実践」関西福祉大学社会福祉学部研究会『関西福祉大学社会福祉学部研究紀要』14（1）：79-86。

一般社団法人日本社会福祉士養成校協会演習教育委員会（2015）『相談援助演習のための教育ガイドライン』一般社団法人日本ソーシャルワーク教育学校連盟ホームページ（http://jaswe.jp/practicum/enshu_guideline2015.pdf，2017.6.18）。

読者のための参考図書

Biestek, F.P.（1957）＝F.P. バイステック，尾崎新・福田俊子・原田和幸訳（2006）『ケースワークの原則・新訳改訂版――援助関係を形成する技術』誠信書房。
　　――実践者となった後にも読み直してほしい一冊である。経験を積むからこそ7原則の奥深さを確認でき，また自身の援助の振り返りの一助となる。

Richmond, M.E.（1922）＝メアリー・E.リッチモンド，小松源助訳（1991）『ソーシャル・ケースワークとはなにか』中央法規出版。
　　――ケースワークの母と呼ばれたリッチモンドの主著の訳書である。ケースワークの始まりから「ソーシャル」がとらえられていたことを確認してほしい。

第 10 章

権利擁護と苦情解決・評価制度

　社会福祉基礎構造改革により，社会福祉サービスは措置制度から契約制度へと移行され，2000（平成12）年に社会福祉事業法が改正されて社会福祉法が制定された。社会福祉措置制度では社会福祉サービスを利用する際に，行政機関が審査して行政処分として措置をしていたが，契約制度に移行されたことによって利用者が主体となって事業所を選択し，事業所と直接契約して福祉サービスを利用することになった。

　この章では社会福祉サービスの利用者が不利益を被ることのないように，利用者の権利侵害を予防し，利用者（自己決定）を尊重しながら，適切な福祉サービスを利用することを可能にするための利用者保護制度としての成年後見制度や日常生活自立支援事業，苦情解決制度について解説する。さらに，社会福祉サービス提供者が自己点検をし，第三者評価を受けることでサービスの質をあげる第三者評価事業について説明する。

1 福祉サービスと契約制度

契約制度のはじまり

　社会福祉基礎構造改革では改革の方向として，個人の自立を基本とし，その選択を尊重した制度の確立や質の高い福祉サービスの拡充，地域での生活を総合的に支援するための地域福祉の充実が掲げられた。そして，個人が尊厳をもってその人らしい自立した生活が送れるよう支えるという社会福祉の理念に

基づいて改革を推進すると検討された結果，2000（平成12）年に社会福祉事業法が改正されて社会福祉法が制定された。この結果，社会福祉サービスの利用は行政機関からの措置制度から利用者の自己責任によって事業所と契約する契約制度へと移行された。

措置制度では社会福祉サービスを利用する際には行政機関が社会福祉サービスを利用できるかを審査して行政処分として措置をしていたが，契約制度に移行されたことで利用者が主体となって事業者を選択し，契約することによって社会福祉サービスを利用することになった。

利用者への情報提供

① 情報提供の目的

利用者がサービス提供者との対等な関係に基づいて契約を可能にするには選択材料が必要である。そのためには，事業所は利用者が適正かつ円滑にサービスを利用できるように情報を提供しなければならない。このようなことを実現するために，事業所と国，地方公共団体による情報供給体制の整備がされている。詳しくは，②福祉サービス提供者による情報提供で述べる。

② 福祉サービス提供者による情報提供

福祉サービスにかかわる情報提供は，契約の当事者である事業所から利用者に対して行われるものである。社会福祉法では，事業所に対して経営に関する情報提供（第75条），利用申請時における契約内容等の説明（第76条），利用契約成立時の書面（重要事項説明書）の交付（第77条），を要請している。なお，経営に関する情報提供と利用申請時の説明は努力義務であるが，契約時の書面交付は必ず実施しなければならない。また，利用者の理解や判断を誤らせるような事実に反する誇大広告を禁止して情報の適正化を図っている。

このほか，施設の情報を開示するという観点から「請求があつた場合には，正当な理由がある場合を除いて」応じることが義務付けられている（第59条の２）。

③ 児童福祉分野での情報提供

児童福祉の分野での情報提供は，1997（平成９）年の児童福祉法の改正時に，

第Ⅰ部　社会福祉の意義と役割，制度と体系

保育所の入所の仕組みを措置から選択利用方式（行政との契約方式）に移行した
ことによって，利用者が選択に必要な情報を市町村が提供することを義務化し
たことからはじまった。児童福祉法では，以下のように定められている。「市
町村は，子育て支援事業に関し必要な情報の収集及び提供を行うとともに，保
護者から求めがあつたときは，当該保護者の希望，その児童の養育の状況，当
該児童に必要な支援の内容その他の事情を勘案し，当該保護者が最も適切な子
育て支援事業の利用ができるよう，相談に応じ，必要な助言を行うものとす
る」（第21条の11）。

　④　子ども・子育て支援新制度での情報公開

　2012年に子ども・子育て支援関連3法が成立して，これに基づく子ども・子
育て支援新制度（以下，新制度）が2015年から施行された。新制度では，幼児
期の教育・保育の総合的な提供や地域での子育て支援の充実や待機児童対策の
推進をめざしている。そして，子ども・子育て支援法で情報提供については，
施設・事業の透明性を高めて教育・保育の質の向上をするために，保育等の提
供者に対して，教育・保育の提供を開始する際などには，提供する教育や保育
に係る情報を都道府県知事に報告することが義務付けられた（子ども・子育て支
援法第58条）。そして，報告を受けた都道府県は，その報告された内容を公表し
なければならないとされた（同法第58条第2項）。

福祉サービスの評価

　①　福祉サービス評価の目的

　利用者が福祉サービスを利用するにあたり，当然のことながら利用者に提供
されるサービスがより良いものであることが望まれる。しかし，措置制度の下
においては，行政によって行われる指導監査（行政監査）で最低基準を守って
いるかという確認が行われてきただけで，その質の向上に目を向けられること
は少なかった。このような現状から，社会福祉法第3条では，福祉サービスの
基本理念として，提供されるサービスは「良好かつ適切なものでなければなら
ない」と，そのサービスの質について言及するとともに，第78条では，社会福

126

第 10 章　権利擁護と苦情解決・評価制度

祉事業の経営者に対して，まず自ら提供する福祉サービスの評価を行い，福祉サービスの質の向上にむけて努力することを義務付けた。つまり，それぞれのサービス提供者が利用者からのアンケート調査や意見聴取をとおして，また，職員会議や職員研修等の機会を利用して，サービス提供の中身を継続的に振り返りながら問題を発見し，それを自主的に改善していくことを通して，サービスの向上を図ることが求められた。

　同法第78条第2項では，国にも福祉サービスの質の向上のために，福祉サービスの質の「公正かつ適切な評価」を行うように努めることが求められた。これは，福祉サービス提供者による自己評価だけではどうしても主観的になりがちであることから，中立公平な第三者機関による客観的なサービスの質の評価（第三者評価）の実施を意味している。

　第三者評価ではその結果をサービス改善につなげるだけではなく，評価結果を公表することで，利用者がサービス選択を行うための貴重な情報として活用されることも意図されている。

　② 福祉サービス第三者評価事業

　社会福祉法では，社会福祉事業経営者に対して，自ら提供するサービスを自己評価するように促しているとともに，国に対しても公正かつ適切なサービス評価を実施するために第三者評価を要請している。国の福祉サービス第三者評価事業は，福祉サービス提供者が事業運営の具体的な問題点を把握し，サービスの質の向上に結びつけるとともに，利用者が適正にサービス選択を行うための情報提供も目的としている。

　第三者評価事業は全国推進組織と都道府県推進組織を設置して一体的に実施する体制が整備されている（図10-1）。全国社会福祉協議会を全国推進組織に位置付け，そのなかに評価事業普及協議会と評価基準等委員会を設置して，第三者評価ガイドラインの策定や更新，事業の普及，啓発等を行う。都道府県推進組織内には，第三者評価機関認証委員会と第三者評価基準等の委員会を設置して，評価基準の策定や評価危機感の認証，評価調査者の養成，評価結果の公表等を行う。こうした体制を整えたうえで，具体的な評価作業は都道府県推進

127

第Ⅰ部 社会福祉の意義と役割，制度と体系

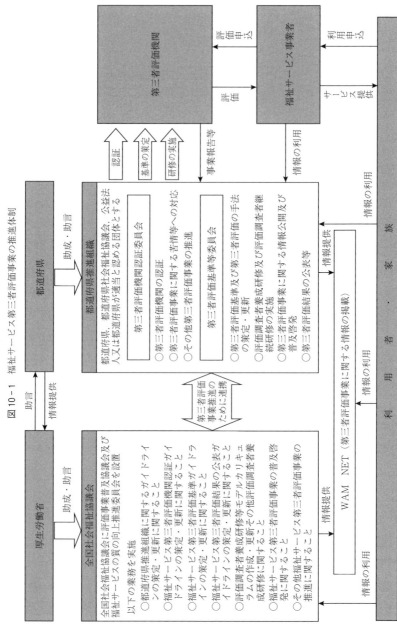

図10-1 福祉サービス第三者評価事業の推進体制

出所：全国社会福祉協議会ホームページ「福祉サービス第三者評価事業」より。

第 10 章　権利擁護と苦情解決・評価制度

表 10 - 1　第三者評価共通評価基準（児童養護施設）

Ⅰ　養育・支援の基本方針と組織
　Ⅰ - 1　理念・基本方針
　Ⅰ - 2　経営状況の把握
　Ⅰ - 3　事業計画の策定
　Ⅰ - 4　養育・支援の質の向上への組織的・計画的な取組
Ⅱ　施設の運営管理
　Ⅱ - 1　施設長の責任とリーダーシップ
　Ⅱ - 2　福祉人材の確保・育成
　Ⅱ - 3　運営の透明性の確保
　Ⅱ - 4　地域との交流，地域貢献
Ⅲ　適切な養育・支援の実施
　Ⅲ - 1　子ども本位の養育・支援
　　Ⅲ - 1 - (1)　子どもを尊重する姿勢が明示されている。
　　Ⅲ - 1 - (2)　養育・支援の実施に関する説明と同意（自己決定）が適切に行われている。
　　Ⅲ - 1 - (3)　子どもの満足の向上に努めている。
　　Ⅲ - 1 - (4)　子どもが意見等を述べやすい体制が確保されている。
　　Ⅲ - 1 - (5)　安心・安全な養育・支援の実施のための組織的な取組が行われている。
　Ⅲ - 2　養育・支援の質の確保
　　Ⅲ - 2 - (1)　養育・支援の標準的な実施方法が確立している。
　　Ⅲ - 2 - (2)　適切なアセスメントにより自立支援計画が策定されている。
　　Ⅲ - 2 - (3)　養育・支援の実施の記録が適切に行われている。

出所：児童養護施設第三者評価基準を参考に著者が作成。

組織から認証を受けた第三者評価機関が福祉サービス提供者からの依頼に基づき行うことになっている。

　評価は一般的に次のような流れになっている。①サービス提供者と評価機関の契約の締結→②事前評価（自己評価，利用者評価）実施→③訪問調査（第三者評価機関による調査）実施→④調査結果の通知→⑤質問，異議申し立て→⑥評価結果の決定→⑦評価結果の公表→⑧改善計画の作成，の順序で実施される。

　③　児童福祉施設の第三者評価事業評価基準

　2002（平成14）年に「児童福祉施設における福祉サービスの第三者評価事業の指針について」が通知されたことからはじまった。社会的養護関係施設（児童養護施設，乳児院，児童心理治療施設，児童自立支援施設，母子生活支援施設）は，

129

第 I 部　社会福祉の意義と役割，制度と体系

子どもが施設を選ぶことができない措置制度等であり，児童相談所が児童福祉入所措置で子どもを入所させる仕組みである。児童養護施設では，施設長による親権代行規定もあるほか，被虐待児が入所児童の 5 割以上を占めるようになり治療的なかかわりも必要になった。そこで，施設運営の質の向上が必要であることから，2012（平成24）年に利用者評価実施とともに，毎年の自己評価と 3 年に 1 回以上の第三者評価を受審することが義務付けられた。そして，第三者評価の結果は，全国推進組織が評価機関からの報告を受けて公表することとなった。

2　利用者の権利擁護と利用者保護（支援）制度

利用者の権利擁護

① 権利擁護の目的

福祉サービス利用者のなかには，認知症や知的障がい，精神障がい等で，自分に必要な福祉サービスを利用できない人もいる。また，金銭を管理することが困難なため，多くの生活課題が生じることもある。そこで，判断能力が不十分な人が福祉サービスを利用するための支援や金銭（財産）管理を行うことが必要となる。このような人の権利を養護する制度が日常生活自立支援事業と成年後見人制度である。

② 日常生活自立支援事業

日常生活自立支援事業で受けられるサービスには，基本サービスとして，福祉サービスに関する情報提供や利用契約の手続きを行う福祉サービス利用援助や福祉サービスの利用料や公共料金の支払い，日常生活に必要な預貯金の引き出し・入金等を行う日常的な金銭管理サービス，年金証書，預金通帳，印鑑，権利証を預かる書類等の預かりサービスがある。

この制度は厚生労働省が所轄しており，実施主体は都道府県・指定都市の社会福祉協議会である。利用するには利用者が居住している社会福祉協議会に申し込むと専門員が利用者の自宅等を訪問調査し，利用者の意思を確認しながら

第 10 章　権利擁護と苦情解決・評価制度

表 10 - 2　日常生活自立支援事業の支援内容

「福祉サービス利用援助」
- さまざまな福祉サービスの利用に関する情報の提供，相談。
- 福祉サービスの利用における申し込み，契約の代行，代理。
- 入所，入院している施設や病院のサービスや利用に関する相談。
- 福祉サービスに関する苦情解決制度の利用手続きの支援。

「日常金銭管理サービス」
- 福祉サービスの利用料金の支払い代行。　　・病院への医療費の支払いの手続き。
- 年金や福祉手当の受領に必要な手続き。　　・預金の出し入れ，また預金の解約の手続き。
- 税金や社会保険料，電気，ガス，水道等の公共料金の支払いの手続き。
- 日用品購入の代金支払いの手続き。

「書類などの預かりサービス」
- 住宅改造や居住家屋の賃借に関する情報提供，相談。　　・住民票の届け出等に関する手続き
- 商品購入に関する簡易な苦情処理制度（クーリング・オフ制度等）の利用手続き。
- 保管を希望される通帳やハンコ，証書などの書類。

出所：ここが知りたい日常生活自立支援事業「なるほど質問箱」全国社会福祉協議会パンフレットを参
　　　考に著者が作成。

支援計画を策定して契約を結ぶ。その後は，支援計画に基づき生活支援員に
よって援助が実施される。

③　成年後見制度

認知症，知的障がい，精神障がいなどの理由で判断能力が不十分になった時
に保護や支援をしてもらう制度である。具体的には，不動産や預貯金などの財
産を管理したり，身のまわりの世話のために介護などのサービスや施設への入
所に関する契約を結んだり，遺産分割の協議等を代行してもらうものである。
成年後見制度における支援は，本人の法律行為にかかわるものに限られており，
食事の世話や介護は含まれていない。

成年後見制度には「後見」「補佐」「補助」の３種類がある。後見は判断能力
が常に欠けている人への支援である。補佐は判断能力が著しく不十分な人への
支援である。補助は判断能力が不十分な人への支援である。それぞれの支援者
として後見人，保佐人，補助人が選任され，利用者の自己決定を尊重しながら，
本人に代わって契約や手続きに関する支援をする。

この制度を所轄しているのは法務省である。法定後見制度を利用するには利
用者が居住している家庭裁判所において，上記の３種類のなかで利用を希望す

るものについて申し立てを行う。申し立てができるのは、本人、配偶者、四親等以内の親族、市町村長に限られている。申し立て後、家庭裁判所からの調査や審問、鑑定を経て、最も適任と思われる人物が選任され、それに不服がなければ成年後見の登記がされ、支援がはじまる。

苦情解決制度

① 苦情解決制度の目的

苦情解決制度は福祉サービス利用者から苦情を聞き、解決方法を検討して、サービスの質を向上させながら利用者の満足度を高めるためにある。また、事業運営の透明性を確保することなどを目的としている。そして、苦情解決には、福祉サービス提供者による苦情解決と運営適正化委員会による苦情解決がある。

② 福祉サービス提供者による苦情解決

苦情解決制度では苦情受付の窓口を設置し、苦情解決責任者・苦情受付担当者・第三者委員をおくことになっている。苦情解決責任者（施設長等）と苦情受付担当者（職員複数）は施設職員で構成し、第三者委員は苦情解決能力のある職員以外の福祉関係者や弁護士等に依頼することになっている。苦情解決の手順は図10-2の通りである。

図10-2 苦情解決の手順

③ 運営適正化委員会による苦情解決

福祉サービス提供者と利用者の話し合いで、利用者の苦情が解決できないときは都道府県社会福祉協議会に設置されている運営適正化委員会が苦情解決の役割を担うことになる。なお、相談や助言の過程で利用者に虐待行為等の重大な人権侵害があった場合は、都道府県知事への速やかな通知義務（図10-3）が課せられている。

第 10 章　権利擁護と苦情解決・評価制度

図 10-3　福祉サービスに関する苦情解決の仕組みの概要図

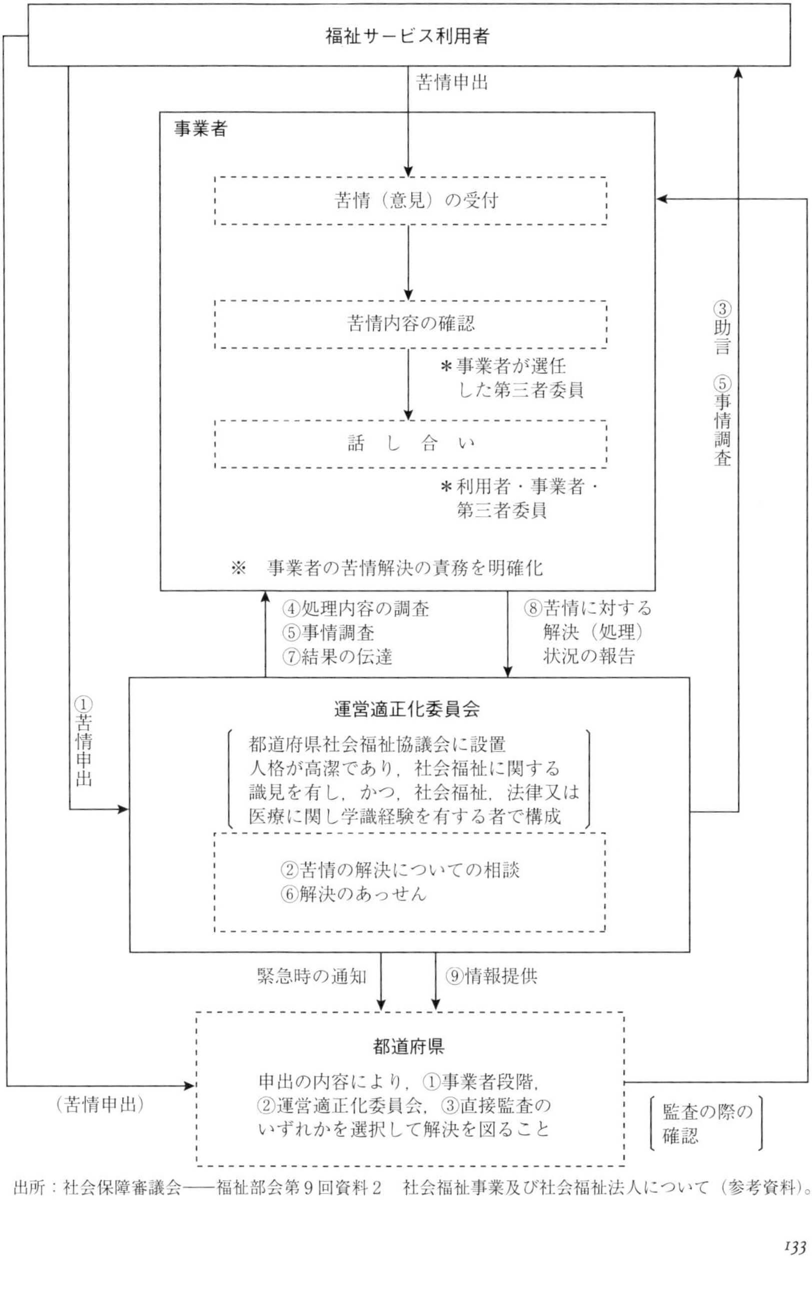

```
┌─────────────────────────────────────────────────────────────┐
│                      福祉サービス利用者                         │
└─────────────────────────────────────────────────────────────┘
                          苦情申出

   事業者

      ┌ ─ ─ ─ ─ ─ ─ ─ ─ ─ ─ ─ ─ ─ ─ ─ ─ ─ ┐
      │          苦情（意見）の受付            │        ③
      └ ─ ─ ─ ─ ─ ─ ─ ─ ─ ─ ─ ─ ─ ─ ─ ─ ─ ┘        助言

      ┌ ─ ─ ─ ─ ─ ─ ─ ─ ─ ─ ─ ─ ─ ─ ─ ─ ─ ┐        ⑤
      │           苦情内容の確認              │        事
      └ ─ ─ ─ ─ ─ ─ ─ ─ ─ ─ ─ ─ ─ ─ ─ ─ ─ ┘        情
              ＊事業者が選任                          調
                した第三者委員                         査

      ┌ ─ ─ ─ ─ ─ ─ ─ ─ ─ ─ ─ ─ ─ ─ ─ ─ ─ ┐
      │          話 し 合 い                  │
      └ ─ ─ ─ ─ ─ ─ ─ ─ ─ ─ ─ ─ ─ ─ ─ ─ ─ ┘
              ＊利用者・事業者・
                第三者委員

      ※　事業者の苦情解決の責務を明確化
```

④処理内容の調査　　　　　　　　⑧苦情に対する
⑤事情調査　　　　　　　　　　　　　解決（処理）
⑦結果の伝達　　　　　　　　　　　　状況の報告

①
苦
情
申
出

   運営適正化委員会

      都道府県社会福祉協議会に設置
      人格が高潔であり，社会福祉に関する
      識見を有し，かつ，社会福祉，法律又は
      医療に関し学識経験を有する者で構成

      ┌ ─ ─ ─ ─ ─ ─ ─ ─ ─ ─ ─ ─ ─ ─ ─ ─ ─ ┐
      │ ②苦情の解決についての相談   │
      │ ⑥解決のあっせん   │
      └ ─ ─ ─ ─ ─ ─ ─ ─ ─ ─ ─ ─ ─ ─ ─ ─ ─ ┘

緊急時の通知　　　⑨情報提供

   都道府県

      申出の内容により，①事業者段階，
      ②運営適正化委員会，③直接監査の
      いずれかを選択して解決を図ること

（苦情申出）　　　　　　　　　　　　　　　　　　　　　監査の際の
　　　　　　　　　　　　　　　　　　　　　　　　　　　確認

出所：社会保障審議会──福祉部会第9回資料2　社会福祉事業及び社会福祉法人について（参考資料）。

第Ⅰ部　社会福祉の意義と役割，制度と体系

3　権利擁護と苦情解決・評価制度の課題

　2000（平成12）年に社会福祉法が制定され，利用者が事業者を選択して契約することによって福祉サービスを利用することになったので，利用者が不利益を被ることのないように利用者保護制度や苦情解決制度が導入された。しかし，利用者に対してサービス提供者が虐待する施設内虐待や利用者の財産を横領する事件の報道されることがある。だから，利用者の権利を擁護するために新たな法改正や制度改正を検討する必要がある。新たな法改正や制度改正のなかに，福祉サービス提供者に対して人権侵害を防止するための研修を受講する仕組みや資格を更新するための仕組みを早急に作ることにより，福祉サービス提供者は権利擁護を意識するようになり，質の高いサービスの提供につながる。

　さらに，近年は第三者評価事業を受審する事業所が年々減少している。事業所が自己点検をし，第三者評価事業を受審してサービスの質を向上させるために，社会的養護施設のように第三者評価を3年に1度以上受審することを義務付けるとともに受診するための費用を提供する必要がある。

参考文献

相澤譲治編（2015）『保育士をめざすひとの社会福祉（七訂）』みらい。

公益財団法人児童育成協会監修，松原康雄・圷洋一・金子充編（2015）『社会福祉』基本保育シリーズ④，中央法規出版。

新保育士養成講座編纂委員会編（2011）『新保育士養成講座第4巻　社会福祉／社会福祉と相談援助』社会福祉法人全国社会福祉協議会。

全国社会福祉協議会　福祉サービス第三者評価事業　第三者評価事業（http://shakyo-hyouka.net/evaluation/）。

全国社会福祉協議会　福祉サービス第三者評価事業　社会的養護施設第三者評価事業（http://shakyo-hyouka.net/social4/）。

社会保障審議会―福祉部会第9回資料2　社会福祉事業及び社会福祉法人について（参考資料）（http://www.mhlw.go.jp/shingi/2004/04/s0420-6b1-3.html）。

第 10 章　権利擁護と苦情解決・評価制度

読者のための参考図書

新井誠・池田惠理子・金川洋編（2009）『権利擁護と成年後見』ミネルヴァ書房。

　　──読者が生活場面で生じる問題や事象を見る目を養い，学びの中で援助技法や社会資源を活用する方法が記述してある。

秋元美世・平田厚（2015）『社会福祉と権利擁護』有斐閣。

　　──権利擁護の理論，仕組み，実践が丁寧に解説されていて，福祉と法の連携の在り方を事例参考にして具体的な学びができる。

第Ⅱ部

社会福祉の現状と課題

第11章

孤立や貧困問題と地域ネットワークの構築

　近年の高齢者の孤独死や児童虐待，育児放棄，引きこもり，ニート，DV（ドメスティック・バイオレンス）などの深刻な社会問題は，身近な相談相手の欠如など地域や家族内での孤立化が要因のひとつとみられている。わが国の孤立問題の特徴は，高齢者のみならず，若者，子育て中の親子，中高年層にまでと全年齢層に広がりがあるという点である。また被災者や障害を抱える人と家族や介護者にも及ぶ等多領域にわたることである。孤立や貧困はだれにでも起こりうるものとして，社会全体の問題として受け止める必要がある。

　本章では，孤立と貧困の現状や取り組み，とりわけ深刻である子どもの貧困について概観しながら，地域ネットワークの構築方法について検討し，今後の課題について考察する。

1 地域における孤立の現状

孤立とは何か

　孤立という概念が中心に据えられた研究の始まりは，イギリスのピーター・タウンゼントの調査研究だといえよう。

　タウンゼントは，「孤独（loneliness）」と「社会的孤立（social isolation）」を区別している。孤独とは，「仲間付き合いの欠如，あるいは喪失による好ましからざる感じ（unwelcome feeling）をもつこと[(1)]」であるのに対し，社会的孤立とは「家族やコミュニティとほとんど接触がないということ[(2)]」だとする。そして

孤独は主観的なもので，社会的孤立は客観的である，としている。同時に，タウンゼントは社会的孤立状態にある人と貧困との関わりを捉え，「社会的にも経済的にももっとも貧しい人びとは，家庭生活からもっとも孤立した人びと」[3]であると述べている。

　つまり，孤立は貧困と切っても切り離すことができず，貧困が孤立を生み出すと言っても過言ではない。たとえば，家計が苦しくなって交際費が縮小すると，親族ネットワーク，地域ネットワークの希薄化が進み，場合によってはそうした関係が切れてしまうことも意味する。関係が切れると孤立化をもたらし，その人の問題は親族にも地域にも友人にも分からないという状態を生み，問題が潜在化・深刻化する。

わが国における孤立の現状

　現代は，少子高齢化の進行，核家族化や単身世帯の増加，引きこもりなど家族内の紐帯の弱まり，非正規雇用の増加，若年層の雇用情勢の悪化や過疎化，マンション居住など居住形態の変化により，家族内や地域でのつながりが希薄化している。

　内閣府の調査において，近所付き合いをどの程度しているか尋ねた結果，「親しく付き合っている」が1975年には52.8％と半数を超えていたが，1997年には42.3％となり，さらに2017年には17.5％と大幅に減少している（図11-1参照）。

　1990年代に入って孤立死・餓死事件が急増し，貧困・孤立問題が注目されるようになった。わが国の福祉の仕組みは申請主義であるため判断能力が不十分で社会的に孤立している人たちは問題を抱えながらも潜在化し，状況が悪くならないかぎり対応できない。そしてそういう人びとは，行政の施策，市民の見守りやボランティア活動からもみな，排除されていて，拒否されたためそれ以上のアプローチをせず，誰も対応しなかったケースには地域社会と完全に切れてしまう人が多い。社会的排除や孤立の強いものほど制度からも漏れやすく，福祉的支援が早急に必要である。たとえば，社会的排除や摩擦（ホームレス，

第Ⅱ部　社会福祉の現状と課題

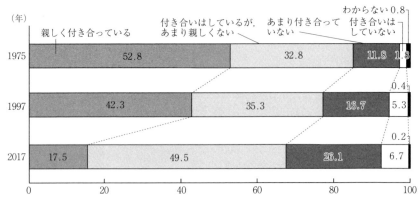

図11-1　近所付き合いの程度の推移

注：1997年調査までは，「近所付き合いをどの程度しているか」という問いに対し回答した人の割合。
2017年調査では，「地域での付き合いをどの程度しているか」の質問に対して，左からそれぞれ「よく付き合っている」「ある程度付き合っている」「あまり付き合っていない」「全く付き合っていない」「わからない」と回答した人の割合となっている。回答者は全国の20歳以上の者。
出所：内閣府「社会意識に関する世論調査」（1975，1997，2017年）より作成。

刑務所から出所した人，外国人・中国残留孤児等），社会的孤立（家庭内虐待・暴力等）などの状態におかれている人びとである（図11-2参照）。このような人びとのなかには，セルフネグレクト（自己放任）の状態に陥り，ゴミ屋敷になるケースもある。社会的孤立と社会的排除の極限的な形は，孤立死である。孤立死問題は，家族，親族，地域，職域とのつながりの希薄化・喪失によりなかなか声を上げることができない人たちの問題としてとらえることができるのである。

子どもの孤立や貧困問題

　日本においてとりわけ深刻なのが，子どもの貧困である。子どもの貧困は相対的貧困率[4]と同様に急速に増え続けており，2012年に初めて，子どもの貧困率（16.3%）が，相対的貧困率（16.1%）を超えるという事態に発展した（図11-3参照）。子どもの7人に1人が貧困状態にあり，ひとり親世帯に限ると相対的貧困率が50.8%とさらに深刻になる。母子世帯の8割ほどは働いているが，非正規など就労が不安定である者が多く，母子世帯の総所得は年間270.3万円となっており，全世帯の50%，児童のいる世帯の38%に留まる。稼働所得は児童

第 11 章　孤立や貧困問題と地域ネットワークの構築

図11-2　現代社会の社会福祉の諸問題

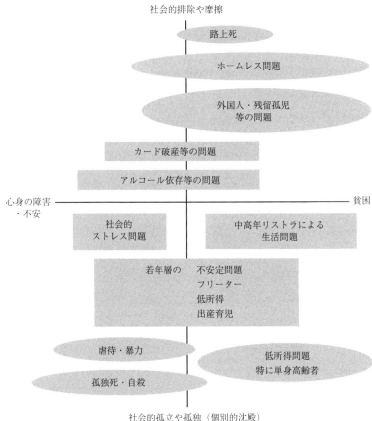

注：横軸は貧困と，心身の障害・不安に基づく問題を示すが，縦軸はこれを現代社会との関連で見た問題性を示したもの。各問題は，相互に関連しあっている。
出所：「社会的な援護を要する人々に対する社会福祉のあり方に関する検討会」報告書（2015年）。

のいる世帯の33％に留まり，暮らしの困難さが想定される（表11-1参照）。

　現代社会において，貧困と虐待は密接な関係にあり，貧困層の親は，社会的に孤立している割合も高い。親の所得と子育て環境との関連をみると，「子どものことで相談相手が家族の中（外）にいない」「病気や事故の際，子どもの面倒を見てくれる人がいない」など，子育てで支援を受けられない親の所得階

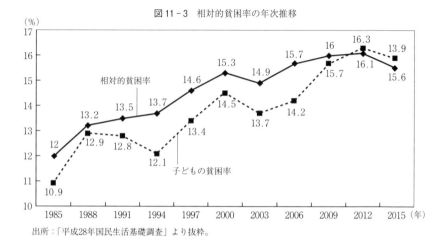

図11-3 相対的貧困率の年次推移

出所:「平成28年国民生活基礎調査」より抜粋。

表11-1 世帯別の平均所得金額（平成27年）

	全世帯	児童のいる世帯	母子世帯
総所得	545.8万円	707.8万円	270.3万円
稼働所得	403.7万円	646.9万円	213.8万円

出所:「平成28年国民生活基礎調査」より抜粋。

層が低いほど多いことが明らかになっている。親の孤立は，児童虐待などを引き起こすリスクをはらんでいるだけではなく，親が子育てに関する情報を収集したり，子どもが同年代の子どもと遊ぶ機会を少なくする。結果として，親も子も孤立するリスクが高くなる。

さらに，貧困状況に育った子どもは，学力や学歴が低いリスク，健康状態が悪いリスク，大人になっても相対的貧困状態にあるリスクが，そうでない子どもに比べて高く，子ども期の貧困は，その後の人生に深い爪痕を残す。子どもの貧困に対処するためには，子どもだけでなく，子どもの属する世帯を視野に含めて議論しなければならない。

孤立や貧困問題への取り組み

2014年に「子どもの貧困対策の推進に関する法律」が施行された。法の基本

理念として，「子どもの貧困対策は，子ども等に対する教育の支援，生活の支援，就労の支援，経済的支援等の施策を，子どもの将来がその生まれ育った環境によって左右されることのない社会を実現することを旨として講ずることにより，推進されなければならない」（第2条）を掲げており，貧困の状況にある子どもが健やかに育成される環境を整備するとともに，教育の機会均等を図るため，子どもの貧困対策を総合的に推進することを目的としている。この法律では，国および地方公共団体の関係機関相互の密接な連携の下に，総合的な取り組みとして行わなければならないとしている。

　さらに2015年4月1日に施行された生活困窮者自立支援法に基づき，生活保護受給世帯の子どもを含む生活困窮家庭の子どもに対する学習支援事業が制度化され，居場所づくりを含む学習支援の実施や，中退防止のための支援を含む進路相談，親に対する養育支援など，各自治体において地域の実情に応じ，創意工夫をこらした事業が実施されている。生活困窮者自立支援制度で実施される事業には，学習支援事業の他に，自治体が相談窓口を設けて生活困窮者の状況に応じて最適な支援プランを作成する自立相談支援事業がある。[6] そこで就労に至る以前に訓練が必要だと判断した人には訓練を実施し（就労準備支援事業），それでも就労に至るのが難しい場合には中間的就労の機会を設ける（就労訓練事業）。その他，必要性に応じて生活面の支援たとえば，住居確保給付金の支給や，宿泊場所や衣食の一時的な提供（一時生活支援事業），家計相談支援事業などがある。

　近年，「貧困の連鎖防止」策として，スクールソーシャルワーカーの活用や[7]生活保護受給世帯の子どもたちへ無料の学習支援を行う事業，子どもたちに無料または低価格で食事を提供する子ども食堂などの取り組みが全国各地で積極的に行われている。

　このように，孤立や貧困問題に向けて新たな生活困窮者支援対策や生活保護制度の見直しなどがなされているが，貧困・低所得者層の拡大を食い止め，縮小に向けた営為を進めていくことが今後ますます求められる。

第Ⅱ部　社会福祉の現状と課題

2　地域ネットワークの構築

　地域の孤立問題を解決するひとつの方法として，地域の見守り活動が重要となり，いかに地域ネットワークを構築していくかが問われている。ネットとは網である。ネットワークという言葉のなかには，問題を取りこぼさないで，網の目のように地域の住民や専門家が協力し合うことで，ヨコへとタテへとつながりが広がっていくといった可能性も含まれているのではないだろうか。

　ネットワークは地域になんらかのニーズがあって，初めてその構築に取り組む意義が生まれる。そのニーズを的確にとらえることがネットワーク構築の鍵となる。ニーズを的確にとらえるためには，地域の特性や社会資源を把握しておくことが重要である。地域住民個々に現れているようにみえるニーズは，地域の特性や社会資源を背景として発生し，地域全体の，あるいは地域特有のニーズとしての側面を有しているかもしれないからである。社会資源は，制度・サービス，人，物，組織，財源などの広範囲にわたり，官民問わずフォーマルなものもインフォーマルなものも含まれていると認識する必要がある。このなかには当然，既存のネットワークも含まれている。地域にはなんらかの人間関係がすでに存在し，それを強化したり，修正する場合がほとんどである。そのため，ネットワークを一から新たにつくる必要はなく，既存のネットワークのアセスメントから始めるという姿勢が大切となる。

　個別支援と地域支援を結ぶ重要な方策のひとつがケースカンファレンスである。ケースカンファレンスは，ネットワークづくりのための重要なアプローチともなる。そこでの焦点は，個別の事例についての今後の働きかけに加えて，その検討からみえてきた地域に共通する課題や必要な社会資源の開発などにも焦点が当てられる必要がある。

　このように個人のニーズをキャッチし，そこからネットワークをつなぐ先を模索し，地域のネットワークを構築し，社会資源を創造するといった作業は，ソーシャルワーク実践のプロセスそのものともいえる。

3 ソーシャル・インクルージョンをめざして

これまで述べてきたように，現代における大きな課題として，「貧困」や「社会的孤立」といわれる社会的問題がある。地域社会とのつながりの希薄化や家族関係の変化など，その要因はさまざまであるが，ソーシャル・インクルージョン（社会的包摂⁽⁸⁾）を実現するために，どのような地域福祉活動を展開していくべきかを考える必要がある。

複雑化し，介入のむずかしい問題に対しては，住民同士が支え合い見守り合うという「つながり」だけでは十分とはいえず，専門家による多面的・総合的な支援が必要不可欠となる。地域で発見された課題を，住民だけで抱えるのではなく，専門職や関係機関につなげられるようなネットワークの構築が求められている。専門職や関係機関は，相互の連携や協働がスムーズになるよう，それぞれの役割や機能を理解するとともに情報の発信が重要となる。また，社会的孤立問題のなかには地域住民になじみが薄く，その理解を深めるところから取り組む必要のある課題も多い。福祉教育等を通して，地域活動のベースとなる住民の理解を広げていく地道な取り組みも不可欠である。

介護保険法改正（2006年）によって設置された地域包括支援センターは，介護予防，地域におけるケアサービスの総合相談・支援窓口であると同時に，介護事業者が抱える困難事例への総合対応が求められているが，住民の福祉活動との連携は難しい課題となっている。すなわち，地域包括支援センターのワーカー（社会福祉士，保健師，主任ケアマネジャー等）は，住民の福祉活動と連携しなければ包括支援は実現しないが，住民の福祉活動づくりやその支援を制度上求められているわけではない。地域福祉コーディネーター⁽⁹⁾の存在との連携が不可欠なのである。

こうした地域住民と専門職との連携・協働による孤立や貧困問題の取り組みは，虐待の早期発見や認知症高齢者等の支援，災害時における被害拡大の予防にも有効であり，地域福祉の推進にもつながるのである。

第Ⅱ部　社会福祉の現状と課題

コラム　大牟田市における地域ネットワーク構築

　大牟田市では，認知症になっても安心して暮らせるように市民協働のまちづくりの推進に努めており，2002年から，地域ネットワークの構築に向けた施策を積極的に行ってきました。

　①　認知症に関する絵本教室

　小中学生を対象に開催している「認知症に関する絵本教室」では，認知症の基礎概念や認知症の方への接し方などについて，絵本を使って正しい理解を深めます。地域ネットワーク構築の基礎として，まずは「認知症への正しい理解を深めること」が肝要とされています。周りの高齢者の違和感に気づきやすくなったり，街などで出会ったときに正しく適切な対応ができるようになったりすることはもちろんのこと，市民全体に「認知症の方が住みよいまちづくりをする」インセンティブを与えることにもつながります。

　大牟田市の絵本教室は，このような若年層もターゲットとした普及啓発の先進的な事例であり，これが市民全員を巻き込んだ地域ネットワークを構築する土台ともなっているといえます。

　②　模擬徘徊訓練

　認知症の方が行方不明になったという想定で，連絡を受けた関係者のネットワーク（警察署・消防署・中学校・タクシー会社・コンビニや商店など）が情報伝達を行い，市民も一緒になって徘徊する役の人を探すという訓練です。この訓練を通じて，徘徊への対応可能性が高まるのに加えて，認知症の方に直接・間接的に関わる人の連携を生み出し医療・介護の切れ目ない提供ももたらします。さらに，この認知症の方のための地域ネットワークは，認知症に限らず行方不明者の保護全般にその効果を発揮しています。

　大牟田市では①絵本教室を中心とする若年層への普及啓発，②模擬徘徊訓練を活かし，地域ネットワークを上手く構築したことによって，認知症の方を受け入れ，支える体制が作られました。

注

(1)(2)(3)　Townsend, P. (1957) *The family life of old People : An inquiry in East London.* Routledge and Kegan Paul. (＝1974, 山室周平監訳『居宅老人の生活と親族網：戦後東ロンドンにおける実証的研究』垣内出版, 227。)

第 11 章　孤立や貧困問題と地域ネットワークの構築

(4)　相対的貧困率とは，等価可処分所得の中央値の半分の額に当たる「貧困線」[※]
　　（2012年は122万円）に満たない世帯の割合を指す（「平成25年国民生活基礎調査」
　　より）。

　　　[※]　等価可処分所得…世帯の可処分所得（収入から税金，社会保険料などを除い
　　　　　たいわゆる手取り収入）を世帯人員の平方根で割って調整した所得。

(5)　松本伊智朗（2007）「子どもの貧困と社会的公正」青木紀・杉村宏編著『現代の
　　貧困と不平等——日本・アメリカの現実と反貧困戦略』明石書店。

(6)　生活困窮者自立支援法における「生活困窮者」とは，現に経済的に困窮し，最低
　　限度の生活を維持することができなくなるおそれのある者を指し，この法律は生活
　　保護に至る前の段階の自立支援策の強化を意図している。

(7)　スクールソーシャルワーカーとは，問題を抱えた児童生徒に対し，子ども本人へ
　　の直接的な援助だけではなく，学校，家庭，地域などの子どもの環境にも働きかけ，
　　教育や教育相談の目的への貢献を踏まえ，子どもの最善の利益のために多様な支援
　　方法を用いて，課題解決への対応を図る専門家である。

(8)　ソーシャル・インクルージョン（社会的包摂）とは，すべての人々をその属性に
　　かかわらず，社会的な孤立や排除，摩擦などから守り，健康で文化的な生活の実現
　　につなげるよう，社会の構成員として包み支え合うという理念である。

(9)　地域福祉コーディネーターは，市町村において次のような役割を担う。

　　・住民では対応できない専門家の対応が必要な，困難で複雑な事例の対応

　　・住民間や住民と様々な関係者とのネットワークづくり

　　・地域の福祉課題を解決するための資源の開発

参考文献

厚生労働省（2014）「平成25年国民生活基礎調査」。

厚生労働省（2011）「平成23年度全国母子世帯等調査」。

内閣府（2007）「平成19年版国民生活白書」。

厚生労働省（2008）『地域における「新たな支え合い」を求めて——住民と行政の協
　　働による新しい福祉』。

大牟田市（2012）『平成24年度老人保健健康増進等事業（大牟田市認知症ケアコミュ
　　ニティ事業）報告書』。

全国社会福祉協議会（2008）『地域福祉コーディネーターに関する調査研究委員会報
　　告書』。

147

第Ⅱ部　社会福祉の現状と課題

読者のための参考図書

阿部彩（2014）『子どもの貧困Ⅱ——解決策を考える』岩波新書。

　　——国内外の貧困研究について，データが豊富かつ解説が丁寧であるため社会政策論入門としても最適な一冊。『子どもの貧困——日本不公平を考える』とあわせて読むとさらに理解が深まる。

岸恵美子（2012）『ルポ　ゴミ屋敷に棲む人々』幻冬舎新書。

　　——「孤立死」に至る背景を詳細に追い，「セルフネグレクト」の状態にある人びとに対してどのような支援が必要かを考えさせられる画期的な書である。

第 12 章

高齢・多死社会の到来

　わが国は超高齢社会，人口減少社会，多死社会に突入した。人口はすでに減少に転じており，高齢化，人口減少・死亡者の増加は，今後ますます加速するものと見込まれている。日本は過去に経験のない社会を迎える。本章では，今後，どのような社会が到来するのか，そしてその社会的背景を学ぶ。

1　高齢化・人口減少社会の現状と課題

　現代社会において，高齢化・人口減少はもっとも重要な課題だといえる。少子高齢化といわれるように，高齢化と少子化が同時に進行するのである。高齢化は単に高齢者人口の増加だけではなく，社会保障費や介護負担の増大，生産年齢人口の減少など，社会のさまざまな方面に影響をおよぼす現象である。年金，医療，福祉など社会保障制度は基本的に働いている世代が高齢者を支える仕組みなので，少子化によって働く世代や次世代を担う子どもの数が減ることで，少ない人数で多くの高齢者を支えなければならなくなり，社会保障の仕組み自体を見直さなければならなくなってくるのである。また少子高齢化の進展のなか，2005年には出生数106万人に対して死亡者数が108万人になり，すでに人口減少社会に突入している。

高 齢 化
　高齢化とは国連人口部の定義では「高齢人口の相対的増加と年少人口の相対

第Ⅱ部　社会福祉の現状と課題

表12−1　主要国の倍加年数

	高齢化社会	高齢社会	倍加年数
日　　　本	1970	1994	24
ド　イ　ツ	1932	1972	40
イ ギ リ ス	1929	1975	46
イ タ リ ア	1927	1988	61
ア メ リ カ	1942	2014	72
スウェーデン	1887	1972	85
フ ラ ン ス	1864	1979	115

出所：『平成28年版厚生労働白書』9から作成。

的減少」とされている。社会の高齢化を示す指標に「高齢化社会（aging society）」，「高齢社会（aged society）」，「超高齢社会（super aging society）」がある。高齢化社会とは人口に占める高齢者の割合が7％を超えた状態をいい，わが国では1970年に到達。高齢社会とは人口に占める高齢者の割合が14％を超えた状態をいい，高齢化社会から高齢社会に至るのは24年後の1994年であった。超高齢社会とは人口に占める高齢者の割合が21％を超えた状態をいい，12年後の2006年に到達した。

　高齢化はわが国に限った問題ではなく，多くの先進国でも進行しているが，わが国の場合，他の先進国と比べて高齢化のスピードが非常に早いことが特徴である。高齢化のスピードの指標に「倍加年数」がある。倍加年数とは高齢化率が7％から14％に至るのに要する年数のことをいうが，わが国では24年だった。他の先進国と比較して短期間だったことが特徴である（表12−1参照）。

高齢化の要因

　高齢化の要因は大きく分けて，死亡率の低下による65歳以上人口の増加と，少子化の進行による若年人口の減少の2つをあげることができる。戦後，わが国では急激に生活水準が向上し，栄養状態が改善され，公衆衛生が進歩し，医療制度が整備されたことにより，乳幼児や青少年の死亡率が大幅に低下した。

150

第12章　高齢・多死社会の到来

表12-2　高齢化率の推移

	1950年	1960年	1970年	1980年	1990年	2000年	2010年	2015年	2020年	2025年	2060年
高齢化率(%)	4.9	5.7	7.1	9.1	12.1	17.4	23.0	26.8	29.1	30.3	39.9

出所：『平成27年版高齢社会白書概要版』「高齢化の現状と将来像」から作成。

　わが国の死亡率（人口1,000人当たりの死亡数）は，戦後間もない1947年には14.60だった。しかし高度成長期に入る1960年に7.60，また高齢化率が7％を超えた1970年には6.90，1980年に6.20と減少を続けた。

　近年の死亡率はやや上昇傾向にあり，2015年は10.3（死亡者数は129万人）となっている。死亡者数は2039年に167万人とピークを迎えその後は減少すると見込まれている。死亡率は2060年まで一貫して上昇し，多死社会になることが見込まれている。

　寿命の伸長にともなって総人口に占める65歳以上の高齢者人口（老年人口）の割合（高齢化率）は1950年に4.9％，1960年は5.7％，1970年に7.1％，2015年には26.8％と上昇を続けている（表12-2参照）。

人口構造の変化

　社会の人口構造を表す指数に「年齢三区分別人口」がある。これは人口を年少人口（0歳から14歳），生産年齢人口（15歳から64歳），老年人口（65歳以上）の3区分に分けるものである。総人口に占める0歳～14歳以下の子どもの数（年少人口）は1950（昭和25）年以降，一貫して低下を続けている。1950（昭和25）年には35.4％，1960（昭和35）年は30.0％，1970（昭和45）年に23.9％，2015（平成27）年に12.7％になっている（表12-3参照）。高齢化の要因のひとつである少子化は，人口に占める0歳～14歳以下の子どもの数が減少することだが，わが国の少子化は50年以上前から起こっていた問題である。

　高齢化が進むと，生産年齢人口に対する負担の増大が進む。また年少人口の減少は次世代の人口減少と，さらなる高齢化につながる。生産年齢人口は1992年をピークに減少の一途で2060年ごろまで減少が続くと予想されており，2060年には2.5人に1人が高齢者になるとされている（表12-2参照）。

151

第Ⅱ部　社会福祉の現状と課題

表12-3　年齢三区分別人口の推移

	1950年	1960年	1970年	1980年	1990年	2000年	2005年	2010年	2015年
年少人口(%)	35.4	30.0	23.9	23.5	18.2	14.6	13.8	13.1	12.7
生産年齢人口(%)	59.7	64.2	69.0	67.4	69.7	68.1	66.1	63.8	60.6
老年人口(%)	4.9	5.7	7.1	9.1	12.1	17.4	20.2	23.0	26.7

出所：統計局人口推計（平成25年10月1日現在）から作成。

平均寿命の伸長

わが国の平均寿命は，1947年に男性が50.05歳，女性が53.96歳だったが高齢化社会に突入した1970年には男性が69.31歳，女性は74.66歳，2015年には，男性80.79歳，女性87.05歳となった。戦後間もない1947年と比べ，男女とも30年以上寿命が延びたことになる。今後も平均寿命は延び続けることが見込まれており，2060年には，男性84.19歳，女性90.93歳となり，女性は90歳を超えると予想されている（表12-4参照）。

表12-4　平均寿命の推移と将来推計

	1950年	1960年	1970年	1980年	1990年	2000年	2010年	2015年	2020年	2030年	2040年	2050年	2060年
男(歳)	58.00	65.32	69.31	73.35	75.92	77.72	79.64	80.79	80.93	81.95	82.82	83.55	84.19
女(歳)	61.50	70.19	74.66	78.76	81.90	84.60	86.39	87.05	87.65	88.68	89.55	90.29	90.93

出所：国立社会保障人口問題研究所「日本の将来推計人口」（平成29年推計）から作成。

人口減少

2010年の国勢調査において約1億2,806万人であったわが国の総人口は，2005年から減少が始まっており，出生数の減少と死亡数の増加により，今後長期的な減少過程に入っている。「日本の将来推計人口（平成24年1月推計）」によると，2048年には9,913万人と1億人を割り込み，2060年には8,674万人になると推計されている（図12-1参照）。2010年時点と比べ4,132万人の減少となり，半世紀の間におよそ3分の1の人口が減少することになる。人口減少は単純な人口規模の縮小だけにとどまらず，労働力不足，世帯の縮小を引き起こし，さらに地域の姿も大きく変化することになる。

第12章 高齢・多死社会の到来

図12-1 長期的なわが国の人口推移

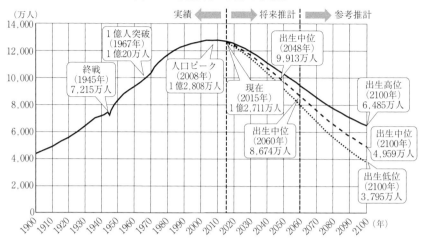

注：1. 2015年は，「国勢調査人口速報集計」による人口。
　　2. 2011〜2014年は，「国勢調査人口速報集計」による2015年の人口を基準として算出した人口推計の確定値。
　　3. 1945〜1971年は沖縄県を含まない。
　　4. 1900〜1919年は，内閣統計局の推計による各年1月1日現在の内地に現存する人口。
　　5. 1920年以降は，国勢調査人口又は国勢調査人口を基準とする全国推計人口で，各年10月1日現在人口。
資料：1920〜2015年：総務省統計局「国勢調査」，「人口推計」。
　　2016年以降：国立社会保障・人口問題研究所「日本の将来推計人口（平成24年1月推計）」出生3仮定・死亡中位仮定。
出所：『平成28年版厚生労働白書』5から引用。

2　社会の変化と高齢者
――産業構造の変化・世帯構造（高齢世帯の増加）・人口構成――

社会の変化

　わが国では戦後，急速に社会が近代化した。近代化に伴い産業構造や家族構成が変化した。戦後最初に行われた国勢調査（1950年）によると第一次産業に従事していた割合は48.5％，第二次産業従事者21.8％，第三次産業従事者は29.6％だった。しかし2015年の国政調査によると第一次産業に従事する者が4.0％，第二次産業に従事する者が25.0％，第三次産業に従事する者が71.0％

第Ⅱ部　社会福祉の現状と課題

図12-2　産業構造の変化

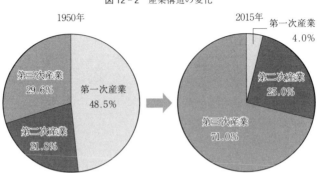

注：第一次産業…農林水産業。
　　第二次産業…鉱業，採石業，砂利採取業，建設業，製造業。
　　第三次産業…第一次産業，第二次産業以外の産業。
出所：総務省統計局「2015年国勢調査結果」から作成。

になり，産業構造が第一次産業から第三次産業中心の社会に変化したことがわかる。第一次産業従事者が多かった時代は，職場と住居が近い「職住接近」であり，家族の人数が多く，子どもの数も多いのが当たり前だったので，家庭内における子育てや高齢者介護などの福祉的問題を家族間で解決することが現代と比べ容易だったと考えられる。第三次産業従事者の増加は，サラリーマン（被用者）人口の増加と言い換えることができる。高度成長期にはサラリーマン世帯の増加に伴い，生活水準が向上し「一億総中流」という言葉が生まれ，物質的な豊かさを享受できる時代が到来したが，一方で時間の制約が大きくなり，家庭内や地域における相互扶助機能の低下を招いた。もともと，家族内で処理していた問題を解決することが徐々に困難になり，同時に地域社会に備わっていた相互扶助の機能も低下していった。わが国では家庭内に豊富な相互扶助機能があり，家事・育児・看護・介護等，多様な福祉的問題を家族内で解決してきたが，近代化，都市化に伴い，家庭内の福祉的機能は低下した（図12-2参照）。

　都　市　化
　社会の近代化により，人口が都市部へ集中する「都市化」が進行した。都市

第12章　高齢・多死社会の到来

表12-5　三大都市圏および東京圏の人口が総人口に占める割合

(%)

	1970年	1980年	1990年	2000年	2010年	2020年
三大都市圏	46.1	47.8	48.9	49.5	50.9	51.4
三大都市圏の内，東京圏	23.0	24.2	24.5	25.0	25.7	25.9
三大都市圏以外の地域	53.9	52.2	51.1	50.5	49.1	48.6

出所：国土交通省国土審議会政策部会長期展望委員会「国土の長期展望」中間とりまとめ，から作成。

化は単に人口の移動だけではなく，世帯人員の減少を伴うものである。都市へ
の人口の集中は過疎化につながっている。2015年（平成27年9月）の国勢調査
によると全国1,719市町村のうち，1,416市町村（82.4%）で人口が減少し，と
くに人口規模が小さい自治体ほど人口減少率が高くなり，三大都市圏を中心に
都市部に人口が集中しつつある（表12-5参照）。

世帯構造の変化

　世帯構造の変化として，世帯規模の縮小がある。1世帯あたりの平均人員は
1970年に3.45人だったが，2015年には2.38人となり減少の一途をたどっている。
現在，世帯の類型でもっとも多いのは単身世帯である。『平成27年国勢調査』
の結果によると34.6%が単身世帯である。なかでも増加が顕著なのが高齢女性
世帯と未婚の単身者世帯である。1980年には高齢者の内，約5割が三世代同居
世帯だったが，三世代同居は減少を続けており，世帯内での助け合いが困難に
なりつつある（表12-6，図12-3参照）。

表12-6　世帯構造の変化

(%)

		2000年	2005年	2010年	2015年
単身世帯		27.6	29.5	32.4	34.6
核家族		58.3	57.7	56.4	55.9
※核家族の内訳	夫婦のみ	18.9	19.6	19.8	20.1
	夫婦と子ども	31.9	29.8	27.9	26.9
	ひとり親と子ども	7.6	8.3	8.7	8.9
その他世帯		14.1	12.8	11.1	9.4

出所：『平成27年国勢調査』人口等基本集計結果，37から作成。

155

第Ⅱ部　社会福祉の現状と課題

図12-3　世帯数および1世帯当たり人員の推移（昭和45年〜平成27年）

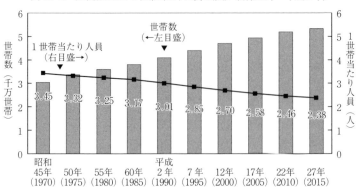

出所：「平成27年国勢調査」人口速報集計結果，から引用。

図12-4　65歳以上の者のいる世帯の世帯構造（平成27年）

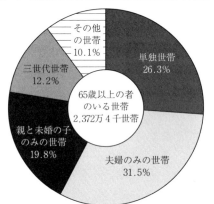

注：「親と未婚の子のみの世帯」とは，「夫婦と未婚の子のみの世帯」および「ひとり親と未婚の子のみの世帯」をいう。
出所：「平成27年　国民生活基礎調査」結果の概要，から引用。

高齢者世帯

2015（平成27）年国民生活基礎調査によると，65歳以上の者がいる世帯のうち，26.3%は単独世帯，夫婦のみの世帯が31.5%，親と未婚の子の世帯が19.8%，三世代同居は12.2%になっており，伝統的な三世代同居は少数派になってきている。

高齢者世代は結婚している者の割合が高く，2010年時点の未婚率は男性

3.6%，女性3.9%，離別率は男性3.6%，女性4.6%となっている。高齢者世代の婚姻率は高率だが，子どもが独立したあと，夫婦のみの世帯になり，その後，配偶者が死亡し，単身世帯になる者が多い（図12-4参照）。

3 世代間扶養の現状と課題

　わが国では伝統的に親世代の扶養は子ども世代が担うことが当然という考え方が根強かったが，長寿化に伴い，子ども世代も高齢化するため，今後，ますます世代間扶養が困難になってくる。大家族中心の時代には，親の扶養は子ども世代にとって義務的なものだった。「親孝行」という言葉に象徴されるように，親世代にとって子どもがいることは老後の安心につながっていた。しかし社会の近代化とともに，親の扶養は子ども世代にとって絶対のものではなくなってきた。福祉制度が整っていなかった時代には，子どもが社会保障の役割を担っていたが，現在では経済の不安を年金保険，健康の不安を医療保険，介護の不安を介護保険がカバーしている。

　高齢者世代の意識も変化しつつあり，子ども世代に頼らない高齢者が増えつつある。「平成27年度　第8回高齢者の生活と意識に関する国際比較調査結果」では「老後における子供や孫とのつきあい」について，時々会って食事や会話をするのがよい」（日本50.5%，アメリカ61.1%，ドイツ69.0%，スウェーデン72.7%）の割合が最も高くなっており，スウェーデンを除くすべての国で「子供や孫とは，いつも一緒に生活できるのがよい」が減少している。とくに日本では過去の調査と比較して最も低い割合になっている。一方，子ども世代を頼らず，子ども世代に対して迷惑をかけたくないと考える高齢者が増えつつあり，親世代，子世代，共に意識が大きく変化しつつある。

　生涯未婚者の増加，離婚率の上昇，雇用の流動化等に伴い子ども世代に余裕がなくなりつつあり，親世代に依存する子ども世代の増加や，親の介護を行うために仕事を辞める「介護離職」，年老いた子ども世代が老親の介護を行う「老々介護」といった問題が発生し，老後の問題を家族内で解決することはま

第Ⅱ部　社会福祉の現状と課題

すます困難になっている。2000年にスタートした介護保険制度のスローガンで
あった「介護の社会化」を念頭に，老後の問題を社会化し，支える仕組みを強
化しなければならない。

4　今後の課題と展望
——生涯現役社会・健康寿命等——

　一般的に高齢者とは65歳以上をいうが，65歳から74歳までの人を「前期高齢
者」，75歳以上を「後期高齢者」という。2025年に団塊の世代が後期高齢者に
なると，前期高齢者よりも後期高齢者のほうが多くなり，社会保障費全般のよ
り一層の増加が予想される。これまでは高齢化のスピードに注目されてきたが，
今後は高齢者の数が問題になってくる。高齢者の増加に備え，年金保険・医療
保険・介護保険など老後を支える制度の抜本的見直しがはじまっている。

　わが国では病院で死亡（病院死）する者と在宅で死亡（在宅死）する者の割合
は約8対2だが，2025年に向けて6対4を目標とし，病院死を減らすことを目
標に「尊厳ある死」のあり方や延命処置のあり方など，さまざまな議論が繰り
広げられているところである。住み慣れた自宅，地域で住み続けるためには既
存の制度だけでなく，新たな支援の仕組みを構築する必要がある。社会問題化
している孤立，孤独の予防や見守りをフォーマルなサービスだけで担うのでは
なく，新たな発想が必要とされている。

　高齢者とは65歳以上をいうが，制度と実態にギャップが生じつつある。2014
（平成26）年度「高齢者の日常生活に関する意識調査結果」によると，高齢者の
内，51.3%は自分を高齢者だとは感じていないと回答している。従来，高齢者
は弱者としてとらえられてきたが，一律に弱者とするとらえ方を見直さなけれ
ばならない。高齢者間の格差も拡大しつつあり，多様な高齢者観を構築する必
要がある。

　またサービスの利用が必要であるにもかかわらず，サービス利用や関係機関
に相談することに対し，拒否や反発などマイナスの感情を抱き，サービスの意

第12章　高齢・多死社会の到来

コラム　自助・共助・公助　そして商助……

　高齢者の「孤立死・孤独死」を防止するための取り組みが求められています。しかし，社会保障費全般が逼迫するなか，新たな公的なサービスを生み出すことは困難です。自助，共助，公助を基本とし，新たな仕組みとして，地域の構成員ではないですが，地域と関係を持つ宅配，配食業者，牛乳，乳酸菌飲料販売店等が異変に気づいた際，通報する窓口を設置する取り組みがあります。いわば「商助」とでもいうべき取り組みです。一部の地域ではじまったばかりの取り組みですが，地域の福祉力が低下する中，一定のルール作りや窓口の整備を行うことで大きな可能性が期待できます。

味や目的を理解せずサービスが届きにくい「インボランタリー」な高齢者に対するサポートのあり方が問われている。個別性を大切にした多様な支援が求められており，行政だけでなく，さまざまな社会資源が有機的に連携することで誰しもが豊かな高齢期を送れる社会作りが求められている。生活全般にわたるサービスを，マネジメントする仕組みが必要である。

　健康寿命の伸長に伴い，元気で長生きする高齢者が増加している。健康寿命とは「健康上の問題で日常生活が制限されることなく生活できる期間」と定義されており，平均寿命と健康寿命との差が小さくなれば，健康で元気な高齢者が増えることにつながり，健康上の問題だけではなく，医療費や介護費等，社会保障費の節約にもつながる。

　今後，人口減少が進むと同時に労働力不足が社会問題化する可能性が高いが，健康な高齢者が働き続けることで，さらなる健康寿命の伸長と現行の制度を維持継続させることが可能になり，高齢者自身にとっても，社会にとっても望ましい方向だと思われる。今後の社会は生涯現役で年齢に関係なく，社会参加を行える方向をめざすべきである。

注
(1) 第二次世界大戦の終戦直後の日本において，1947（昭和22）～1949（昭和24）年

第Ⅱ部　社会福祉の現状と課題

の間の第一次ベビーブームに生まれた人々を総称して，団塊の世代という。

参考文献

内閣府（2016）『平成28年版高齢社会白書』。

厚生労働省編（2016）『平成28年版厚生労働白書』。

社会福祉の動向編集委員会編（2016）『社会福祉の動向2016』中央法規出版。

総務省（2013）『平成25年版情報通信白書「超高齢社会がもたらす課題」』。

総務省統計局人口推計（2017）「平成28年12月確定値」。

厚生労働省（2016）「平成27年度国民生活基礎調査の概況」（http://www.mhlw.go.
jp/toukei/saikin/hw/k-tyosa/k-tyosa15/index.html，2016.12.25）。

国土交通省国土計画局国土審議会政策部会長期展望委員会（2011）「国土の長期展望」
中間とりまとめ概要。

総務省統計局（2016）平成27年国勢調査「人口等基本集計結果」（http://www.stat.
go.jp/data/kokusei/2015/kekka.htm，2016.12.25）。

読者のための参考図書

社会福祉の動向編集委員会編（2017）『社会福祉の動向2017』中央法規出版。
　　──社会福祉制度全般についての動向や今後の展開を学べる。

第 13 章

子ども・子育て支援の総合施策

　わが国の少子・高齢化の現状は，女性の働き方等への支援体制をはじめとする子ども・子育て支援体制を整えていかなければならないことを意味する。

　本章では，現状を把握するために，第1に，少子化の現状とその対策の必要性を明らかにした。第2に，少子化対策の必要性が叫ばれだした時期から現在に至るまでにどのような子ども・子育て支援対策が実施されてきたかについて，歴史的経過を追って明らかにした。この経過により，政府は，少子化対策として，放課後児童クラブの充実，保育環境の充実が必要であることを示した。第3に，子ども・子育て支援の充実のために，現代における子ども・子育て支援サービスの状況を明らかにし，子ども・子育て支援の体制を整えることの必要性について述べる。第4に，現状における問題点をあげるとともに，今後，必要とされる子ども・子育て支援対策について明らかにした。

　これらのことから，本章では，わが国における子ども・子育て支援体制の課題と展望について学んでほしい。

1　少子化の現状

出生数と人口構成

　わが国の出生数は，第2次ベビーブーム後の1975（昭和50）年以降減少し続け，1989（平成元）年には，丙午の年（1966年）を下回る1.57という合計特殊出生率となった。それ以降も多少の増減はあるが減少傾向にあり，2005（平成

第Ⅱ部　社会福祉の現状と課題

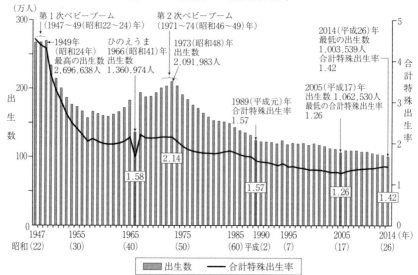

図13-1　出生数および合計特殊出生率

資料：厚生労働省「人口動態統計」
出所：「平成28年度　少子化の状況及び少子化への対処施策の概況（少子化社会対策白書）」（http://www8.cao.go.jp/shoushi/shoushika/whitepaper/measures/w-2016/28webgaiyoh/html/gb1_s1-1.html）
〈アクセス日：2016年12月18日〉。

17）年には1.26となった。その後，少しずつ増加し，2014（平成26）年は1.42となったが少子化傾向は続く状況にある（図13-1）。

それに伴い，総人口に占める年少人口（0から14歳）の割合は，2010（平成22）年の13.1％から低下し続けることになる。生産年齢人口（15から64歳）の割合も，2010（平成22）年より低下し続けている。結果として，高齢者人口（65歳以上）の割合は上昇し続けることになる。

少子化の要因と対策の必要性

少子化の要因は，未婚化・非婚化・晩婚化・晩産化の進行，若い世代の所得が伸びない，出産後の女性の就労継続の難しさなどがある。わが国の出産と子育ては，女性が就労をやめるか，また，調整するかによってなされることが主であり，自らが望む生き方をすることができないという課題がある。それが，

第13章　子ども・子育て支援の総合施策

男性との役割分業を強化させることになる。このことから，政府は，妊娠期から仕事に復帰した後も子ども・子育て支援体制を整える必要があるといえる。男女が安心して働き，安定した生活ができるような対策づくりが必要である。

2　少子化対策

これまでの少子化対策

少子化対策のために，子ども・子育て支援のための施策が図13-2のように出されてきた。

2010（平成22）年1月29日に，少子化社会対策会議は「子ども・子育て新システム検討会議」を実施し，「子ども・子育て新システムに関する基本制度」を2012（平成24）年3月2日に提示した。これに基づき，子ども・子育て新システム関連3法が成立し，同年8月22日に公布となった。なお，子ども・子育て（新システム）関連法とは，「子ども・子育て支援法」「就学前の子どもに関する教育，保育等の総合的な提供の推進に関する法律の一部を改正する法律」「子ども・子育て支援法及び就学前の子どもに関する教育，保育等の総合的な提供の推進に関する法律の一部を改正する法律の施行に伴う関係法律の整備等に関する法律」の3法である。

それと同時に，子ども・子育て環境の充実をめざして，待機児童解消の取り組みがなされ，「待機児童ゼロ作戦」「待機児童解消加速化プラン」が策定された。これは，女性の就労環境を整えることを踏まえてのことであった。また，少子化社会対策会議は，「少子化危機突破のための緊急対策」を決定し，「仕事と子育ての両立」に向けての支援強化と「結婚・妊娠・出産支援」の充実をめざした。

2014（平成26）年7月になると，政府は，「放課後子ども総合プラン」を策定し，共働き家庭等の子どもの小学校就学後の放課後における居場所確保をめざした。2019（平成31）年度末までに，約30万人分の放課後児童クラブの整備と全小学校区での放課後児童クラブと放課後子ども教室との一体化・連携による

163

第Ⅱ部　社会福祉の現状と課題

図13-2　子ども・子育て支援施策の動向

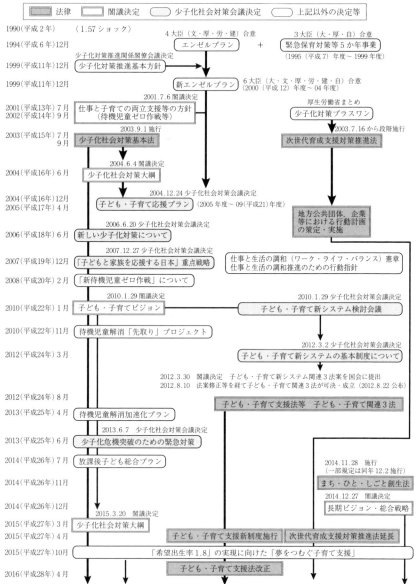

出所：内閣府『平成28年版 少子化社会対策白書』42（http://www.8.cao.go.jp/shoushi/shoushika/whitepaper/measures/w-2016/28pdfhonpen/28honpen.html）〈アクセス日：2016年12月17日〉。

実施をめざした。

2015（平成27）年3月20日の「少子化社会対策大綱」では，結婚・子育て支援策の充実，若い年齢での結婚・出産希望の実現，多子世帯への配慮，男女の働き方改革，地域の実情に即した取り組み強化を重点課題とした。政府は，これらのことについて，少子化対策の枠組みを越えた長期的視点で総合的に推進することをめざした。

これからの少子化対策

2015（平成27）年4月には，子ども・子育て支援の新たな制度が施行となった。同年10月には，一億総活躍国民会議で，「一億総活躍社会の実現に向けて緊急に実施すべき対策——成長と分配の好循環の形成に向けて」がまとめられた。また，「『希望出生率1.8』の実現に向けた『夢をつむぐ子育て支援』」がまとめられた。

そして，「子ども・子育て支援法」が改正され，地域型保育事業の設置者への助成・援助を行う事業の創設，仕事と子育ての両立支援等が明記された。その改正法は，2016（平成28）年4月1日から施行されている。

これらの子ども・子育て支援の制度をスタートさせることにより，子ども・子育て環境の充実がめざされている。

3 子ども・子育て支援サービスの現状

子ども・子育て支援制度の特徴

子ども・子育て支援制度は，2015（平成27）年4月1日施行の「子ども・子育て支援法」で，国・地方公共団体・地域子育て支援者の子どもの学校教育・保育，地域子育て支援の総合的推進体制を明記した。それに基づき，財政支援は，認定こども園・幼稚園・保育所利用に対する共通給付と家庭的保育・小規模保育・居宅訪問型保育・事業所内保育利用に対する給付となった。地域の実情に基づく対応のため，地域子育て支援事業を定めた。そして，2016（平成28）

第Ⅱ部　社会福祉の現状と課題

図13-3　子ども・子育て支援制度の特徴

市町村主体		国主体（新設）
認定こども園・幼稚園・保育所・小規模保育など共通の財政支援	地域の実情に応じた子育て支援	仕事と子育ての両立支援

施設型給付

認定こども園 0〜5歳

幼保連携型

幼稚園型	保育園型	地方裁量型

幼稚園 3〜5歳	保育所 0〜5歳

地域型保育給付

小規模保育，家庭的保育，居宅訪問型保育，事業所内保育

地域子ども・子育て支援事業
- 利用者支援事業
- 地域子育て支援拠点事業
- 一時預かり事業
- 乳児家庭全戸訪問事業
- 養育支援訪問事業等
- 子育て短期支援事業
- 子育て援助活動支援事業（ファミリー・サポート・センター事業）
- 延長保育事業
- 病児保育事業（整備費，事業費）
  ⇒・施設・設備整備費の支援
  ・体調不良児等を保育所等から拠点施設に送迎して病児保育する事業の支援
- 放課後児童クラブ
- 妊婦検診
- 実費徴収に係る補足給付を行う事業
- 多様な事業者の参入促進・能力活用事業

仕事・子育て両立支援事業
- 企業主導型保育事業
  ⇒事業所内保育を主軸とした企業主導型の多様な就労形態に対応した保育サービスの拡大を支援（整備費，運営費の助成）
- ベビーシッター等利用者支援事業
  ⇒残業や夜勤等の多様な働き方をしている労働者が，低額な価格でベビーシッター派遣サービスを利用できるよう支援

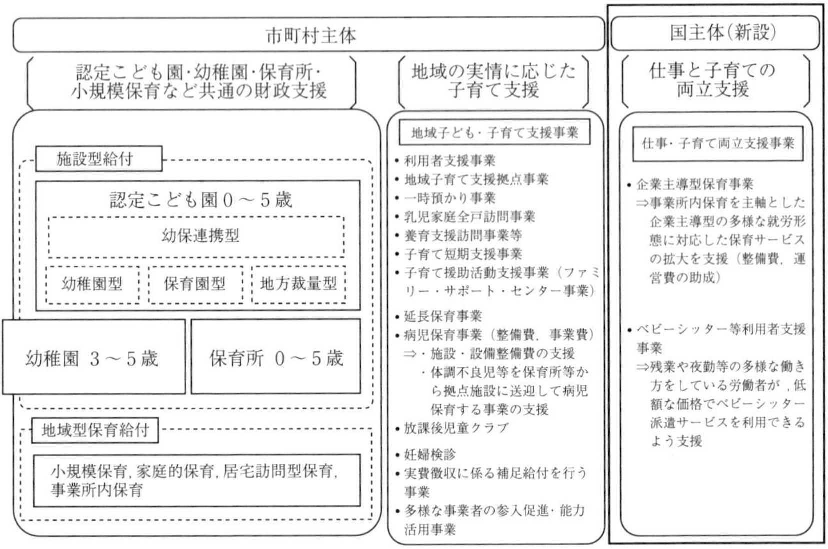

出所：内閣府『平成28年版 少子化社会対策白書』52（http://www8.cao.go.jp/shoushi/shoushika/whitepaper/measures/w-2016/28pdfhonpen/28honpen.html）〈アクセス日：2016年12月18日〉。

年4月1日より，仕事・子育て両立支援事業が施行となった。現在における子ども・子育て支援制度の特徴は，図13-3のとおりである。

子育て支援給付

　給付形態は，「施設型給付」と「地域型保育給付」の2種類がある。幼保連携型認定こども園，幼稚園，保育所への給付は，「施設型給付」である。そして，都市部の待機児童問題解消を目的とした小規模保育，家庭的保育，居宅訪問型保育，事業所内保育は，「地域型保育給付」である。

地域子ども・子育て支援事業

　地域子ども・子育て支援事業は，「子ども・子育て支援法」第59条に，以下のような13事業として位置づけられている。
- 利用者支援事業…子ども・子どもの保護者からの相談に応じ，必要な情報の

166

第13章　子ども・子育て支援の総合施策

提供や助言等を行う事業である。これには，「基本型」「特定型」「母子保健型」の３類型がある。

- 延長保育事業…時間外保育費の全部または一部の助成により，必要な保育を確保する事業であり，「一般型」「訪問型」の２類型がある。
- 実費徴収に係る補足給付を行う事業…世帯所得状況等にもとづき，市町村が定める基準該当の支給認定保護者が支払わなければならない教育・保育に係る必要な物品の購入費用等の全部または一部を助成する。
- 多様な事業者の参入促進・能力活用をもたらす事業…多様な事業者を活用して特定教育・保育施設等の設置または運営を促進するための事業である。これは，「新規参入施設等への巡回支援」「認定こども園特別支援教育・保育経費」である。
- 放課後児童健全育成事業…一般的には学童保育事業と呼ばれており，保護者が働いているために昼間家庭にいない小学生に対して児童厚生施設や放課後児童クラブで遊びと生活の場を提供することで健全育成を図る事業である。
- 子育て短期支援事業…家庭養育を受けることが一時的に難しい子どもに児童福祉施設等への利用を働きかけ，生活に必要な保護・養育を行い，子どもとその家庭福祉の向上を図る事業である。短期入所生活援助（ショートステイ）事業と夜間養護等（トワイライト）事業がある。
- 乳児家庭全戸訪問事業…一般的にはこんにちは赤ちゃん事業と呼ばれている。それは，乳児を育てている家庭の孤立を防ぐ，また，乳児の健全育成をもたらす環境の確保のために，生後４か月までの乳児のいるすべての家庭を原則として訪問する。
- 養育支援訪問事業…子どもを守る地域ネットワークの強化とともに，要支援児童・要保護児童に対して相談支援と育児・家事援助を行う。
- 地域子育て支援拠点事業…「一般型」と「連携型」がある。「一般型」は，基本事業を実施するための地域公共施設，空き店舗，保育所等，子育て親子の交流の場を指す。加算事業として，「地域の子育て拠点として地域の子育て支援活動の展開を図るための取り組み」「出張ひろば」「地域支援の取り組

167

第Ⅱ部 社会福祉の現状と課題

み」がある。「連携型」は，基本事業と加算事業として，「地域の子育て力を高める取り組み」がある。

- 一時預かり事業…「一般型」「余裕活用型」「幼稚園型」「居宅訪問型」があり，家庭保育が一時的に難しい状況の乳幼児に対して，保育所，幼稚園，認定こども園等で，昼間，一時的に預かり，保護を行う。

- 病児保育事業…保育が必要な乳幼児，保護者の労働や疾病等により家庭生活が難しい小学生が疾病にかかっている場合に，保育所・認定こども園・病院・診療所等で保育を行う事業であり「病児対応型」「病後児対応型」「体調不良児対応型」「非施設型（訪問型）」がある。

- 子育て援助活動支援事業…一般的にはファミリー・サポート・センター事業と呼ばれ，地域の子育て家庭と住民の相互扶助を目的としている。

- 妊婦健康診査…妊産婦の健康保持と増進のため，市町村がその健康状態の把握・検査計測・医学的検査等を，一般病院，市町村保健センター，母子保健センター等で行う。

仕事と子育ての両立支援事業

「仕事と子育ての両立支援事業」には，「企業主導型保育事業」と「企業主導型ベビーシッター利用者支援事業」の２種類がある。

- 企業主導型保育事業…事業所内保育事業として，就労形態に応じた保育サービスの拡大で，仕事と子育ての両立ができるようにすることをめざす。

- 企業主導型ベビーシッター利用者支援事業…労働者がその事業の利用を求める時は，利用料金を助成して，仕事と子育ての両立を支援することをめざす。

4 子ども・子育て支援対策の充実をめざして

少子化対策に必要なことは，子ども・子育て支援対策の充実であり，その課題は次のとおりである。

子ども・子育て支援制度の円滑な実施の必要性

① 地域の実情に応じた幼児教育・保育・子育て支援の質・量の充実

そのために必要なのは，事業所内保育設置者への助成と援助を行うこと，また，一般事業主から徴収する拠出金率を引き上げることである。

② 地域のニーズに対応した多様な子育て支援の充実

そのために必要なのは，第1に，利用者支援事業で，子育て家庭や妊産婦が地域の子育て支援に関する資源の活用を容易にするために連絡調整，連携・協働体制づくりを行うことである。第2に，地域子育て支援拠点の設置促進，一時預かり事業の推進と幼稚園の預かり保育の推進をすることである。第3に，「延長保育」「夜間保育」「病児保育」「地域型保育事業」「保護者の就労形態の多様化に伴う子どもの保育需要の変化に対応する保育」「事業所内保育」「家庭的保育」を提供することである。第4に，ファミリー・サポート・センターの普及促進である。

待機児童の解消

① 「待機児童解消加速化プラン」の推進

そのために必要なのは，保育等施設整備費を増やす，小規模保育施設整備補助の創設，企業主導の保育事業の推進，また，地方公共団体との連携で，子ども・子育て支援施設（保育所，幼稚園，放課後児童クラブなど）の設置に努めることである。

② 「保育人材確保対策」の推進

そのために必要なのは，保育士試験回数を増やす，保育士の処遇改善での離職防止，潜在保育士の復帰支援，保育士養成の強化，保育士の勤務環境改善，就職準備金や保育料の一部貸付け支援をすることである。

「小1の壁」の打破

① 放課後子ども総合プランの推進

次世代育成支援として，小学生が放課後を安全・安心に過ごしてさまざまな

第Ⅱ部　社会福祉の現状と課題

コラム　岡山県の放課後児童クラブ（学童保育）

　子ども・子育て支援制度により，2015（平成27）年度から，「放課後児童支援員」という資格が新設され，放課後児童クラブには2名以上の同支援員の配置が義務付けられました。

　しかし，岡山県では，放課後児童クラブで働く職員の専門職化を図るため，それより以前の2009（平成21）年5月24日に，NPO法人日本放課後児童指導員協会が設立され，放課後児童指導員となるための資格に関する講習がなされていました。そのような協会は，愛知県や福岡県にもありましたが，本協会は，日本で初めて設立された放課後児童指導員のためのものでした。その目的は，児童の放課後の暮らしを保障するためでした。

　協会は，放課後児童クラブで働く職員の専門職化を図るため，職員に対する資格制度を確立し，資格取得のための講座を開くことで，「放課後児童指導員資格認定事業」を実施しました。そして，資格を得た放課後児童指導員が彼らの仕事の専門性向上を図ることができるように，「放課後児童指導員研修事業」を実施しました。また，「放課後児童健全育成事業」を実施し，放課後児童クラブでの保育の質向上をめざしました。2016（平成28）年度からは，新たな資格の新設により，同協会は資格を再編しました。

　その他，岡山県内各地で，学童保育連絡協議会が立ち上げられ，情報交換，相談助言，交流などによりネットワーク構築を図り，児童の放課後の充実がめざされました。また，これまでは非常勤で働く職員が多かったですが，正社員で募集・採用し，職業的な地位の安定によって専門職の定着を図り，放課後児童クラブでの保育の質向上がめざされました。

　2019（平成31）年までには，岡山市が岡山市内の放課後児童クラブを一括運営するための準備が進められています。

参考文献
岡山県学童保育連絡協議会（http://岡山学童保育.com/概要）〈アクセス日：2016年12月17日〉。
学童保育指導員研修テキスト編集委員会編（2013）『学童保育指導員のための研修テキスト』かもがわ出版。
日本放課後児童指導員協会（http://www.ja-acc.jp/about/board.html）〈アクセス日：2016年12月19日〉。
日本学童保育学会第8回研究大会実行委員会（2017）「日本学童保育学会第8回研究大会プログラム」。

第13章　子ども・子育て支援の総合施策

体験ができるようにすることである。

② 放課後児童クラブの充実

具体的には次のとおりである。放課後児童クラブを学校敷地内等に整備する場合の施設整備費補助基準額の引上げや，10人未満の放課後児童クラブへも運営費補助の対象を拡大した。消費税財源で，放課後児童支援員等の処遇改善に取り組む。18時30分以降も事業を行う放課後児童クラブに賃金改善・常勤職員の配置促進に必要な経費の補助を行う。保育所との開所時間の乖離解消を図る放課後児童支援員等処遇改善等事業，障害児を 5 人以上受け入れている場合の職員の加配等を行う。

以上のことから，子ども・子育てに必要な支援は次のとおりである。第 1 に「児童手当の支給」「幼児教育の無償化の段階的実施」「高校生等への就学支援」「高等教育段階における教育費負担軽減策の充実」という「子育ての経済的負担の緩和・教育費負担の軽減」である。第 2 に，「祖父母等による支援」「商店街の空き店舗，小中学校の余裕教室，幼稚園等の活用による，地域の子育ての拠点づくり」という「多様な主体による子育てや孫育てに係る支援」である。第 3 に，「子育てしやすい住宅の整備」「小児医療の充実」「子どもの健やかな育ち」「『食育』等の普及・促進および多様な体験活動の推進」「地域の安全の向上」という「子どもが健康で，安全かつ安心に育つ環境整備」である。

注
⑴ 山田忠雄他（2008）『新明解国語辞典　第 6 版』三省堂，1262に基づくと，丙午は，10干の 3 番目の丙と12支の 7 番目の午との組み合わせの年のことをいい，この年には火災が多く，丙午生まれの女性は夫を短命にするという迷信があると述べられている。

参考文献
今井木の実（2014）「現代社会と児童」西尾祐吾・小﨑恭弘編『子ども家庭福祉論

171

第Ⅱ部　社会福祉の現状と課題

（第2版）』晃洋書房，1 -14。

社会福祉の動向編集委員会編（2016）『社会福祉の動向2016』中央法規出版。

社会福祉士養成講座編集委員会編（2016）『児童や家庭に対する支援と児童・家庭福
　祉制度（第6版）』中央法規出版。

杉本敏夫監修，立花直樹・波田埜英治編著（2017）『児童家庭福祉論（第2版）』ミネ
　ルヴァ書房。

内閣府編（2015）『平成27年版　少子化社会対策白書』日経印刷。

内閣府編（2016）『平成28年版　少子化社会対策白書（概要版）』（http://www8.cao.
　go.jp/shoushi/shoushika/whitepaper/measures/w-2016/28pdfgaiyoh/28gaiyoh.html,
　2016.12.17）。

中　典子（2012）「家庭生活を取り巻く社会状況」松井圭三編『家庭支援論』大学教
　育出版，11-22。

中　典子（2017）「子育て支援サービスの概要」井村圭壯・松井圭三編『家庭支援論
　の基本と課題』学文社，77-86。

保育福祉小六法編集委員会編（2017）『保育福祉小六法　2017年版』みらい。

読者のための参考図書

内閣府（2015）『平成27年版　少子化社会対策白書』日経印刷。

　──わが国において，子ども・子育て支援対策の推進が必要となった動向について
　　年代ごとに詳細に記されているため，これまでどのような対策がなされてきた
　　のかについて理解を深めることのできる1冊である。本章の内容のベースと
　　なっているので，学びを深めるために一読願いたい。

小田豊・日浦直美・中橋美穂編（2015）『家庭支援論（新版）』北大路書房。

　──現代における子ども・親を取り巻く環境，それに基づく子ども・子育て支援の
　　必要性，その支援の実際について記されているため，子ども・子育て支援につ
　　いて系統的に学ぶことのできる1冊である。

第 14 章

ノーマライゼーションの現状と諸課題

　本章では，2000年代の「障がい者福祉」の大転換とその基本理念となった
ノーマライゼーションの進展について概観する。知的障がい者の「地域移行」
とグループホームを主眼に，障がい者福祉制度の大変革とその課題について学
ぶ。さらに経済の低成長と人口減少に向かう現代の日本の状況のなかで，ノー
マライゼーションから「共生社会」に向かう今後の方向性について学びを深め
たい。

1 ノーマライゼーションの理念と歴史

ノーマライゼーションと国際障害者年（1981年）

　ノーマライゼーションとは，1950年代に，デンマークで生まれ，バンク＝ミ
ケルセンが提唱した理念である。障がいのある人も，障がいのない人と同じよ
うに，施設ではなく地域で「ふつうに，あたりまえに」暮らすことを実現しよ
うとする考え方である。具体的に例をあげれば，住む場所は，「生活の場」と
しての施設ではなく，自宅または「グループホーム」が考えられる。社会は，
「ふつう」の教育を受けること，社会のなかで「あたりまえに」働くことが可
能になるような支援をめざす必要がある。交通機関を使っての移動や，情報の
入手，制度の利用にあたって，障がいをもつ人が不利にならないような工夫や
配慮が必須である。ノーマライゼーションの実現には，障がいがあることを特
別なことと見たりせず，障がいのある人が社会や地域のなかで，普通に暮らす

173

第Ⅱ部　社会福祉の現状と課題

ことが当然と考える，「心のバリアフリー」（心の壁を取り除くこと）こそもっと
も必要とされる。

　国際連合が指定した1981年の国際障害年のテーマは「完全参加と平等」であ
る。1971年「精神薄弱者の権利宣言」，1975年「障害者の権利宣言」を採択し
たことに続き，これらを単なる理念としてではなく社会において実現するとい
う意図のもとに決議された。国連諮問員会によると，「参加」とは，障がい者
がそれぞれ住んでいる社会において，社会生活に参加すること，社会生活の発
展および政策決定段階に参加することをいう。「平等」とは，社会生活におい
て国民一般と同じ生活を送り，社会経済の発展による利益の平等の配分を受け
ること，とされている。

ノーマライゼーション理念にいたる歴史

　1950年代に北欧デンマークで，大規模収容施設に入所する知的障がい者の生
活を改善しようとした親たちの運動を，N.E.バンク＝ミケルセンが理論的に
支持したことから，ノーマライゼーションの理念が生まれたとされる。大戦中
にナチスへのレジスタンス運動に加わり強制収容所に入れられた経験をもつバ
ンク＝ミケルセンは，知的障がい者にも人間としての尊厳と基本的人権を保障
し，可能な限り通常の場でふつうの生活を送れるようにするべきだと問題提起
した。こうした理念は，障がい者の人権思想や脱施設化運動，ノーマライゼー
ション思想として北欧を起点にヨーロッパ，北米諸国，日本に拡がっていく。

　ノーマライゼーションの考え方を8つの原理にまとめ理論化したのが，ス
ウェーデンのベンクト・ニィリエである。ニィリエが1969年の論文「ノーマラ
イゼーションの原理とその人間的処遇とのかかわりあい」のなかでまとめた原
理は，①個人のニードに配慮した1日のノーマルな生活リズムの提供，②住居，
教育，仕事，余暇などの1週間のノーマルな生活リズムの提供，③1年間の
ノーマルな生活リズムの保障，④人生においてのノーマルな発達的社会的経験
の機会の保障，⑤本人の選択や願いの尊重，⑥男女が共に暮らす世界の尊重，
⑦ノーマルな経済水準の保障，⑧施設の規模や立地場所が一般市民と同等に

ノーマルなものであるべき，の8点である。

　1971年の国際連合総会で，ノーマライゼーション理念を土台とした知的障がい者の権利宣言（「精神薄弱者の権利宣言」）が採択された。その概要は，①可能な限りの平等権，②教育・訓練・リハビリテーションを受ける権利，③経済的保障とノーマルな生活水準を享有する権利，④可能な限りの社会参加とノーマルな生活環境の保障，⑤個人の権利や利益の保護と後見人制度，⑥搾取や虐待から保護される権利，⑦権利保護および権利制限の乱用防止のための法的保障措置，のとおりである。

　1976年の国際連合総会で，ノーマライゼーション理念の発展による宣言として，1981年を「完全参加」をテーマとした国際障害者年とすることが採択された。その後，1980年の総会でテーマを「完全参加と平等」に拡大することを決定した。上述の国際障害者年の決議の下，1983～1992年を「国連・障害者の10年」と宣言した。2006年に，国連「障害者の権利に関する条約」が採択され，日本は，2007年に条約に署名し，2014年に批准している。

「障がい観」の展開

　「障がい」の定義と基準について，1980年に WHO（世界保健機関）が「国際障害分類試案」（ICIDH）を発表した。この試案での障がいモデルは，①疾病（diseases），②機能・形態障がい（impairments），③能力障がい（disabilities），④社会的不利（handicaps）という構造になっている。この分類は「医学モデル」とも呼ばれ，国際疾病分類を土台に作成されたが，「社会的不利」の原因や要因を障がい自体に求めかねないという批判がある。この試案の改訂作業ののち，2001年に WHO は，「国際生活機能分類」（ICF）を承認した。

　ICF では，人の生活機能に焦点をあて，健康状態（病気，変調，障がい，等）と背景因子（環境因子，個人因子，阻害因子，等）に着目している。ICF の障がいモデルは，生物学・医学的なものと環境・社会的なものの相互作用により障がいを把握しようとするものである。ICF は，「社会モデル」とも呼ばれ，人としての生活機能の面から，「活動」「参加」の状況に焦点をあて，障がいのある

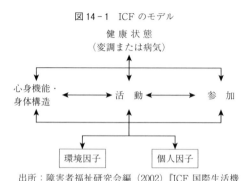

図14-1 ICFのモデル

出所：障害者福祉研究会編（2002）『ICF 国際生活機能分類——国際障害分類（改訂版）』中央法規出版, 17。

人の社会生活（生き方）にまで視野を大きく広げたものである（図14-1）。

日本でのノーマライゼーションの歩み

日本では，1947年の児童福祉法制定を背景に，18歳を超えた知的障がい者の福祉についても議論や運動が展開され，1960年に精神薄弱者福祉法（1999年に知的障害者福祉法に名称改正）が制定される。日本でも1970年代にノーマライゼーションの理念広がり，「完全参加と平等」をテーマとした国際障害者年（1981年）と「国連・障害者の10年」がその流れを加速させた。1989年に日本でも初めて知的障がい者グループホーム制度が生まれた。1993年に，「障がい者対策に関する新長期計画」が策定され，同年10月に「障害者基本法」が施行された。この法律により，精神障がい者が身体障がい者や知的障がい者と並んで法の対象と位置付けられた。基本理念として，第3条では，すべての障がい者は，「個人としてその尊厳が重んぜられ，その尊厳にふさわしい生活を保障される権利を有する」（第1項），「社会を構成する一員として社会，経済，文化その他あらゆる分野の活動に参加する機会が確保される」ものとする（第1項第1号）と規定され，国際障害者年の「完全参加と平等」の精神が法律で明記された。

その後，数値目標を含む総合的な「障害者プラン・ノーマライゼーション7か年戦略」（1995年）が策定され，2003年の支援費制度の開始，2006年の「障害

者自立支援法」の制定・施行につながっている。

2 ノーマライゼーションから共生社会へ

インテグレーション，インクルージョンの理念の登場

ノーマライゼーションの理念の進展，「国際障害者年」を契機とした日本での障がい者施策の展開と合わせて，主に学校教育や特別支援教育，障がい児保育の分野でインテグレーション（統合）の理念が用いられる。

ヨーロッパでは，知的障がい者の大型施設収容という方策は珍しくなかった一方，第二次世界大戦などの反省から人権尊重の考え方も重視され，脱施設化運動が起こりつつあった。これらの運動の延長として，ヨーロッパでは，新たにノーマライゼーションを具現化する理念「インテグレーション（integration）」が生まれ使われるようになる。

「インテグレーション」という用語は，主にイギリスや国際連合で用いられた。イギリスでは，1960年代から社会福祉施設の改革運動の流れのなかで，1970年に「初等教育（障害児）法」が制定され，障がい児の完全就学が唱えられた。特別な教育的ニーズであるという考え方は，障がいを含むあらゆるニーズを「特別な教育的ニーズ」という用語に統合（インテグレート）し，広義の概念にしている点で「インテグレーション」の理念に通じている。

一方，インクルージョンとは，2000年ころから社会福祉の理念として，ノーマライゼーションを発展・展開する形で議論されてきている。ソーシャル・インクルージョンは，社会的包摂とも言われ，「すべての人々を孤独や孤立，排除や摩擦から支援し，健康で文化的な生活の実現に結びつけるよう，社会の構成員として包み込み支えあう」という理念である。社会的包摂は，社会的排除（個人や集団が，物質的・金銭的欠如のみならず，居住，教育，保健，社会サービス，就労などの多次元の領域において社会的交流や社会参加さえも阻まれ，徐々に社会の周縁に追いやられていくメカニズム）と相対する概念としても用いられる。

177

第Ⅱ部　社会福祉の現状と課題

日本における脱施設化の流れ

　2003年の支援費制度の開始から2006年の「障害者自立支援法」制定と日本の障がい者施策とノーマライゼーション進展の大きな転換期となるこの時期，2004年に宮城県の浅野知事より「施設解体宣言」が出された（同知事は厚生省時代に日本における知的障がい者グループホーム制度の先鞭をつけた一人である）。この宣言をもとに，日本における「脱施設化」の流れを考えてみたい。

【トピックス「みやぎ知的障害者施設解体宣言」】

①施設解体宣言の背景

　知的障がい者への各種の施策が量的にも質的にも貧しかった頃，知的障がい者施策の中心は施設入所であった。「親亡き後」の障がい者の生活を保証し，年老いていく親に安心感を与えるのが大きな関心ごとであり，頼りになる施策に思えたのはある意味当然である。そういった状況下，「どこに住みたいのか？　だれと暮らしたいのか？」「あなたは何をしたいのか？」という問い自体が発せられないまま，入所しているのが一番幸せと外部から決めつけられる存在としての知的障がい者という図式である。

②「解体宣言」の主眼

　特別なニーズがあったとしても知的障がい者が普通の生活を送ることを断念する理由にはならない。障がい福祉の仕事は，その特別なニーズにどう応えていくかということである。地域の中にこそ普通の生活がある。適切な支援措置さえあれば，重度の障がいを持った人たちであっても地域での生活を送り生活を豊かなものにすることは，多くの実践の中で実証されている。

　「施設解体」を宣言しても解体することが目的ではなく，障がいを持った人たちが普通の生活を送れるような条件整備をすることが主眼である。時間はかかっても，めざすべきは施設解体が可能になるための地域生活支援の施策の充実である。繰り返して言う。障がい者福祉の目的は，障がい者が普通の生活を送れるようにすることである。

　　出所：「みやぎ知的障害者施設解体宣言」（2004年2月　浅野宮城県知事）より筆者抜粋。

　この宣言は，欧米でもノーマライゼーション理念の進展の背景となった障がい者や長期入院患者などの「脱施設化」の問題を，日本の「障がい者地域移行」施策推進者の一人が知事就任後，「障がい者福祉新時代」を見据えて手がけたものである。この後，障害者自立支援法施行とあいまって，全国の都道府県単位で，大型入所施設の規模や運営見直しの先鞭になったセンセーショナルな宣言となった。

　知的障害者地域生活援助事業（グループホーム）の利用者実人数は，2003年1万1998人，2004年1万4949人，2005年1万7677人，2006年1万9954人と増加し

178

第 14 章　ノーマライゼーションの現状と諸課題

表 14 - 1　障がい者グループホームと障がい者（入所）支援施設の利用者等の推移

年	障害者グループホーム	障害者支援施設等	障害者支援施設等	【参考】精神科長期入院患者	備考
	利用者実数（人）	施設数（か所）	在所者実数（人）	5 年以上入院（人）	
2007年（H19）	35,740	8,229	258,355	125,545	注(1)
2010年（H22）	51,100	6,767	190,439	115,333	注(1)
2012年（H24）	63,680	5,330	149,514	108,992	
2014年（H26）	74,964	5,376	151,349	—	
2015年（H27）	83,882	5,221	150,006	—	

注：(1)障害者自立支援法の経過措置による旧法（身体障害者福祉法，知的障害者福祉法，精神保健及び精
　　神障害者福祉に関する法律）の施設を合算。そのため，身体および知的障害者更生援護施設の通所
　　施設も含まれる。
出所：厚労省「社会福祉施設等調査・結果の概要」および精神・障害保健課資料をもとに著者が作成。

ている。また障害者自立支援法制定以降のグループホーム利用者実人数（共同
生活介護，共同生活援助の合算数）は，2007年 3 万5740人，2010年 5 万1100人，
2015年 8 万3882人と推移している（表14 - 1 のとおり）。

障害者自立支援法の成立と地域移行の推進

　2006年に施行された障害者自立支援法では，各市町村に「市町村障害福祉計
画」の策定が義務づけられ，そのなかで入所施設から地域生活へ移行する障が
い者の具体的目標値が定められた。厚労省は基本指針により，2011年度末まで
に全国規模で現行の入所者の10％（約 1 万3000人）以上の地域移行と 7 ％の入
所定員削減，精神科病院からの 7 万2000人の退院促進を数値目標として求めた。
　障害者自立支援法の制定により，①「地域移行」とは，障がい者個々人が市
民として自ら選んだ地域（住まい）で安心して自分らしい暮らしを実現するこ
と，②すべての障がい者は地域で暮らす権利を有し，障がいの程度や状況に関
わらず地域移行の対象となる，③国が社会的入院・社会的入所を早急に解消す
るために「地域移行」を促進する，④国は，地域移行プログラムと地域定着支
援に関して予算配分措置を伴った法定施策として実施する，の 4 点が法定化さ
れた。

第Ⅱ部　社会福祉の現状と課題

ノーマライゼーション，インテグレーション理念と障害者自立支援法

　2006年の旧障害者自立支援法の施行により，日本の障がい福祉制度は大きく改革される。

① 　サービス提供主体を市町村に一元化し，障がいの種類（身体，知的，精神）にかかわらず，障がい者の自立支援を目的とした共通の福祉サービスは共通の制度により提供する。とくに，入所施設・通所施設を問わずに日中活動（生活介護，就労支援，療養介護，等）を導入し，夜間・休日支援を施設入所支援とグループホーム（ケアホーム）に体系化された。このことで，従来の入所型施設は日中活動サービスを並列することが必須となった。

② 　一般就労へ移行することを目的とした事業を創設するなど，働く意欲と能力のある障がい者が企業等で働けるよう，福祉側から支援する。（就労継続支援A型・B型，就労移行支援の開始と従来の授産施設制度の終了。）

③ 　市町村が地域の実情に応じて障がい者福祉に取り組み，障がい者が身近なところでサービスが利用できるよう，空き教室や空き店舗の活用も視野に入れて規制を緩和する。

④ 　支援の必要度合いに応じてサービスが公平に利用できるよう，利用に関する手続きや基準を透明化，明確化する（障害支援区分，認定審査会の導入）。

⑤ 　利用したサービスの量や所得に応じた公平な利用者負担の導入と国の財政責任の明確化。

共生社会に向けた日本の「知的障がい者福祉」の歩み

　バンク＝ミケルセン，ニィリエの理論から，国連の「国際障害者年」を経て日本にも定着したノーマライゼーションの理念は，戦後の日本の知的障がい者の「脱施設化」の動きにも大きな影響を与えた。戦後の第1次ベビーブーム，戦後復興から経済の高度成長を経て1973年の「福祉元年」へと向かう日本の障がい者福祉のなかで，障がい児の親の運動は概ね，「親亡きあと」の生活と入所型施設建設の運動，障がい児教育の義務化の運動，「生まれた地域での生活」のための運動，「自立」と社会参加と就労をめざした運動，「共生社会」をめざ

180

第 14 章　ノーマライゼーションの現状と諸課題

した運動，と推移していく。

　1960年前後から，障がい児の親たちの運動を背景に全国の都道府県で大規模入所型施設（いわゆる「コロニー」）が整備されていった。当時，市町村からの「就学猶予（免除）」（1978年に制度廃止）の通知を受け，多くの子どもたちが親元を離れ障がい児施設に入所した。現在も70歳を超えてなお，介護保険制度に移行せず障がい者施設で生活している人びとが多くいる。一方，親や関係者の運動を土台に，児童福祉法から分離した「精神薄弱者福祉法」の制定（1960年），障がい児教育（養護学校等）の義務化（1979年），「精神薄弱」から「知的障害」への用語改正の法制化（1998年），等の知的障がいの人権にかかわる制度の変革には，実に40年以上の歳月を要している。

　国際障害者年（1981年）とあいまって，生まれた地域での生活，就労と社会参加，自立と地域生活支援（地域移行）などの「あたりまえの普通の願い」が親だけでなく障がい者本人（当事者）の運動の中心となってきた。この潮流のなかで，障がい児者福祉の現場では，多様な運動体とボランタリズムの合体により，無認可共同作業所，グループホーム，レスパイトケア，24時間ホームヘルプ，障がい児学童保育やサマースクール，等，制度外の先駆的な活動（事業）が展開され，今日の共生社会をめざす地域福祉の源流となる。障がい児者の福祉の分野では，民間の先駆的な事業からコミュニティケアのしくみがつくられていったともいえる。

　当事者，親（家族），福祉・教育従事者，ボランティア，研究者らの「草の根の活動」がノーマライゼーションのムーブメントと重なり，日本でも障害者自立支援法制定を機に大変革につながったといえる。障害者自立支援法から「障害者の日常生活及び社会生活を総合的に支援するための法律（以下，障害者総合支援法）」（2012年）への改正を契機に，ニィリエの提唱したノーマライゼーションの8つの原理（本章第1節で記述）が，相談支援（ソーシャルワーク）の強化のなかで確実に制度化されていっている。同法では目的規定のなかで，「自立」という表現に代わり「基本的人権を享有する個人としての尊厳」と明記された。

第Ⅱ部　社会福祉の現状と課題

3　共生社会への課題

障がい者と人権

「人権」とは，「全ての人々が生命と自由を確保し，それぞれの幸福を追求する権利」あるいは「人間が人間らしく生きる権利で，生まれながらに持つ権利」をいう（法務省『人権教育・啓発白書』H26年版より）。

マイノリティとは，社会的少数者または社会的少数集団のことをいう。これは，社会の権力関係において，属性が少数派に位置する者の立場やその集団を指す。多くの場合，そのグループの一員であることによって社会的な偏見や差別の対象になり，少数者の事情を考慮していない社会制度の不備から損失を被ることを前提とした呼称であり，「社会的弱者」にも近い概念であるといえる。対義語はマジョリティまたは社会的多数派であり，これは多数派に位置するためには強い立場にいる集団を意味しており，世論を形成しやすいといえる。社会のマイノリティ（少数者）への偏見から差別へと展開するプロセスは，①自分と違う存在への違和感，②自分が周りの人と異なること，異なると見られることへの不安感，③大多数の人びとと違う存在への違和感，異質観，④異質と感じる存在とのかかわり方の変化（避ける，排除する），⑤異質な人びとを別なグループとして分離していく流れ，といえる。

日本において，憲法第14条では全ての国民は法の下に平等である「差別を受けない権利」が規定され，障害者基本法第4条には「差別の禁止」が謳われているが，個人（私人間）の行為における差別を禁止する法律はない。現在，「障害者差別解消法」の成立（2013年），「障害者の権利に関する条約」の批准（2014年）等，人権問題の改善につながる施策の制度的な枠組みが整えられつつある。外国では，「均等機会委員会」などが，政府から独立した人権救済機関として存在するが，日本では，差別を受けた人を救済する法律や制度は不十分である。

今後，障がい者の権利擁護が進められていくには，国の法制度整備はもちろ

182

んであるが，ノーマライゼーションの理念が国民や住民（マジョリティ）に絶え間なく浸透し続ける方策を進めること，障害者総合支援法で強化された相談支援事業（ケアマネジメント事業），また成年後見制度が有効に機能していくことが必要である。

入所型施設とグループホームの動向と課題

2004年の「みやぎ施設解体宣言」当時の障がい者グループホーム生活者約1万2000人から比べるとノーマライゼーションによる「地域移行」は進展している。2015年には障がい者グループホーム生活者は8万3000人を超えた。一方で，さまざまな状況から入所型施設で生活される障がい者は，15万人を超えている。

現在，表14−2のとおり，グループホーム生活者と対比される障がい者施設入所者は約15万人，精神科長期入院患者は，約11万人である。また，児童福祉法による社会的養護施設と障がい児入所施設利用児童が約4.9万人，介護保険法と老人福祉法による高齢者施設入所者が約103万人，生活保護の救護施設入所者約1.7万人と，合計すると約135万人がいわゆる「入所施設型」の生活者と考えられ，これは日本の総人口の約1％超となる。超高齢社会に入った現在，救護施設や障がい者支援施設の入所者，長期入院患者で65歳また75歳以上の高齢者の占める割合は高まっている。児童福祉法の対象となる児童の入所者は，障がい者入所者に比して3分の1に迫り，少子化社会の中でも減少せず，児童虐待を理由とした入所割合が漸増している。

各法律の入所型施設も2000年以降，小規模化，地域化，ユニット化（一部個室化）の方向で進んでいる。とくに，児童福祉法の施設では，職員配置基準が増員され，全面改築による個人の人権とQOLに配慮した改善が進んでいる。

ただ，すべての入所型施設に共通する運営上の喫緊の課題は，支援スタッフの安定確保の問題である。近年，利用者の人権尊重と施設内虐待根絶が必須となっている24時間型入所施設の基幹となる常勤職員の確保，若手職員の早期退職の予防は，施設制度の存立にかかわる大きな問題である。

障がい者を含むどの領域でもグループホームの増設と安定した運営を進める

第Ⅱ部　社会福祉の現状と課題

表14-2　入所型の社会福祉施設等の在所者数（人） （2015年10月1日現在）

施設種別	根拠法	在所者数	備　考
救護施設	生活保護法	16,984	
社会的養護施設（4種別）	児童福祉法	32,776	4種別の合算
障がい児入所施設	児童福祉法	15,787	福祉型，医療型の合算
障がい者支援施設	障害者総合支援法	150,006	
老人福祉施設	老人福祉法	141,033	養護，軽費の合算
介護老人福祉施設・介護老人保健施設・介護療養病床	介護保険法	890,600	3施設種の合算 平均在所者×施設数
精神科長期入院*	医療法	108,992	＊2012年6月

出所：厚労省「社会福祉施設等調査・結果の概要」「介護保険施設調査結果」および精神・障害保
健課資料をもとに著者が作成。

には，行政の法制度・財政的な基盤整備を前提に，①当事者（本人，家族）の
意欲と継続的実践，②安心できる継続的な専門的支援，③地域の理解と協力・
熱意，④相談事業所・就労先・地域社会資源のネットワーク化，⑤身近な地域
でのスタッフ確保と勤務効率化，⑥居住者である当事者の地域参加，等が必須
である。

　日本では，とくに障がい者グループホームは，日中活動を運営する法人や施
設入所支援を運営する法人が母体となり開設，運営されることが大半である。
前述②の「安心できる継続的な専門的支援」のためには，地域生活支援の専門
家の養成が必須である。特に鋭敏な倫理人権感覚と多様な支援ノウハウを培っ
た人材を養成している入所（24時間型）生活施設は，グループホーム等の専門
的支援の最大のスタッフ供給源といえる。

マイノリティと共生社会

　本章では，知的障がい者の「地域（グループホーム）移行」を主眼に，ノーマ
ライゼーションから「共生社会」に向かう現状と課題を考えてきた。

　巨視的には，20世紀後半の戦後の社会で，先進国を中心にノーマライゼー
ション理念が主軸になり，福祉国家から共生社会をめざした福祉社会へと移行

してきた。ただ21世紀に入り，その先進各国を中心に低成長・縮小経済，少子高齢化，国家財政の悪化，等の諸課題が浮き彫りになってきた。また中進国・発展途上国では経済の急成長と人口増加，生活水準の変化，民主化の進展等の大きな変化の渦中にある。地球規模でのグローバリゼーションの進展は，一方で格差社会や貧困の拡大がいわれているが，もはや地球規模での福祉社会の浸透が必須と考える。「日本だけの幸せ」を考える社会づくりではなく，国際社会のどの地域でも「幸せ」を求めるすべての人びとが共存できる仕組みが求められる。

そのためには，1981年の国際障害者年決議の第4項の「障害者が経済，社会及び政治活動の多方面に参加し，及び貢献する権利を有する」のなかの「障害者」を「すべてのマイノリティ」に置き換える新たな理念が，どの国どの地域，どの社会や階層でも浸透していくことが第一歩と考える。

参考文献

ベンクト・ニィリエ（2008）『再考・ノーマライゼーションの原理——その広がりと現代的意義』現代書館。

櫻井康彦（2008）「知的障害者の脱施設化の論点に関する文献的研究」『大阪市立大学生活科学研究誌』Vol. 7。

小宮正克（2013）「知的障がい児（者）政策に関する現実と思想」静岡大学人文社会学研究科。

読者のための参考図書

佐藤久夫・北野誠一・三田優子編著（2002）『障害者と地域生活』中央法規出版。

　　——ノーマライゼーション理念の展開から，障害者の地域生活支援の根底にある思想や運動，障害者の生活を地域で支えるための方法・実践・サービス，障害者を支える政策や制度などについて，わかりやすく解説している。

宮本太郎（2007）『共生保障（支え合いの戦略）』岩波書店。

　　——地域社会が持続困難に陥っているといわれる現代の日本において，共生や支え合いの意味を，制度面，自治体，地域，NPO法人の視点から問い直し解説している。

第 15 章

国際化と多様性支援の現状と諸課題

　これからの日本は少子化に加え多死社会の到来が懸念され，2010（平成22）年をピークとしてすでに人口減少社会へと突入している。このままの出生率で今後推移すれば，現在の社会サービスや経済規模を維持する選択をすれば，国内人口では賄い切れない部分を補うために，「女性の雇用をますます推進する」「定年年齢をさらに引き上げる」といった政策で急場をしのぎ，その後は海外からの移民（労働者や移住者）をこれまで以上に受け入れるという選択をしなければならないだろう。

　また，移民を受け入れることは，多様な文化・宗教・価値観を日本人が受け入れていくということでもあり，移民が日本の法律や文化・風習に馴れ親しめるような土壌づくりや取り組みを行っていくということでもある。宗教や文化によっては恋愛や結婚，性に対する意識も多様であり，法的に認知できる範囲内で多様な恋愛や結婚，性の在り方を容認していくことも求められる。そのためには，たとえば，日本が性的少数者（LGBTIQA）等の多様な存在や，その価値を認める社会へと，ますます成熟していかなければならない。

1　人口を維持・増加させるための移民政策

人口減少社会における政策

　わが国の総人口は第2次世界大戦の戦禍で減少したものの，戦後の第1次ベビーブーム（1947～1949年）や第2次ベビーブーム（1971～1974年）により，

第15章 国際化と多様性支援の現状と諸課題

2010（平成22）年まで65年にわたり増加してきた。しかし，2011（平成23）年以降は人口が減少に転じ，国立社会保障・人口問題研究所によると，このままの出生率で今後推移すれば，2065年には全人口が8808万人となると推計されている[1]。

　今後の急速な人口減少に鑑みて今後の政策の方向性を検討するなら，「人口減少に伴って社会システムを小規模化する」または「人口を維持する政策を打ち出す」もしくは「人口増加を試みる政策に転換する」しかない。

　さまざまな社会サービスや経済システムを縮小していけば，しばらくは，全国各地をコンパクト・シティ（compact city）[2]に転換し，日本全体をコンパクト・ステート（compact state）[3]に変貌させて，人口に見合った形で縮小していく方向性もある。しかし，さらに人口が減少すれば，都道府県単位の機能を維持していくことも難しく，道州制を導入して都道府県が合併し，各都道府県内の拠点となる自治体（都市）のみを残し，規模の大きな都市に多くの機能を集約しなければならなくなるだろう。そうなると，多くの市町村は消滅していくことになる。故郷や住み慣れた街が消えていくことは，国民の心に大きなダメージを与えることになるだろう。さらに，人口減少は，都道府県や市町村のみならず，国のシステムを維持していくこともできなくなると懸念されている。

　また，国の人口や経済規模を維持させるための政策は，当面の間は有効だと考えられるが，人口減少が予想よりも上回った場合や国の政策が遅れた場合には，功を奏さない可能性がある。

　国家を発展させ，経済規模を維持・拡大させるためには，国内人口では賄い切れず，ヨーロッパ諸国と同様に，わが国でも「海外から労働者や移住者を積極的に受け入れる」という選択をしなければならない可能性が高い。

　実は，2016（平成28）年現在，日本国内において，法務省に認められた230万7388人の外国人が在留し，6万2818人の外国人が不法在留となっており，旅行者や出張者等の短期滞在者を除き，最低でも237万人以上の外国人が国内に存在している[4]（表15-1）。

187

第Ⅱ部　社会福祉の現状と課題

表 15-1　国籍・地域別在留外国人

国籍・地域	総　　数（人）
アジア	1,904,678
ヨーロッパ	69,894
アフリカ	14,001
北　　米	67,235
南　　米	237,630
オセアニア	13,347
無国籍	603
総　　数	2,307,388

出所：法務省（2016）「在留外国人統計（旧登録外国人統計）」。

EPA を活用した専門職の確保政策

　カール・B・フレイとマイケル・A・オズボーン（2013）が，今後10〜20年程度で，702の職種の内，コンピューター技術や人工知能によってどれだけ自動化されるかを分析した結果，米国の総雇用者の約47％の仕事が自動化されるリスクが高いという結論を発表し，世界中に衝撃を与えた。将来的に残っていく仕事は，医師・看護師・ソーシャルワーカー・カウンセラー・教師・保育士・レクリエーションワーカー等の保健・医療・福祉・心理・教育・保育等を中心とする専門職であり，いわゆるヒューマンサービスを中心とする対人援助専門職であった。[5]

　しかし，将来生き残るといわれながら，福祉や保育の分野の専門職は全国的に慢性的な人手不足で，とくに人口減少が大幅で過疎の進む地域では医療分野の専門職も不足している。今後の超高齢化社会の到来や障害児・者の増加，人口減少による人手不足への対応として，専門職（労働力）の確保が喫緊の課題となっている。

　そのため，日本はインドネシア（2008年7月〜）・フィリピン（2008年12月〜）・ベトナム（2012年6月〜）と経済連携協定（EPA）を結び，それぞれの国から外国人看護師・介護福祉士候補者の受入れを実施し，2016（平成28）年9月現在で累計受入れ人数は3か国あわせて3800人を超えた。[6]現在，インドやタイ等との連携協定も検討されており，今後ますます増加すると考えられる。全

188

第15章　国際化と多様性支援の現状と諸課題

表15-2　EPA看護師候補者累積合格者数の推移（平成27年度入国者迄）

入国年度	受験資格者数（人）	合格者数（人）	合格率（％）	全国の平均合格率（％）
2008年度入国者	104	24	23.1	97.7
2009年度入国者	266	57	21.4	86.6
2010年度入国者	85	25	29.4	86.3
2011年度入国者	117	31	26.5	86.0
2012年度入国者	52	12	21.1	96.0
2013年度入国者	112	26	23.2	86.5
2014年度入国者	98	21	21.4	99.4
2015年度入国者	155	5	3.2	3.2
総　　計	989	201	20.3	

出所：国際厚生事業団（2016）「平成29年度 受入支援等の取り組み・受入れ状況等について」，厚生労働省（2015）「保健師助産師看護師国家試験の現状について」をもとに筆者が作成。

表15-3　EPA介護福祉士候補者累積合格者数の推移（平成24年度入国者迄）

入国年度	受験資格者数（人）	合格者数（人）	合格率（％）	全国の平均合格率（％）
2008年度入国者	94	46	48.9	63.9
2009年度入国者	302	132	43.7	64.4
2010年度入国者	123	86	69.9	64.6
2011年度入国者	103	65	63.1	61.0
2012年度入国者	121	70	57.9	57.9
総　　計	743	399	53.7	

注：介護福祉士は実務経験を必要とするため，3年後にしか受験できない。
出所：国際厚生事業団（2016）「平成29年度 受入支援等の取り組み・受入れ状況等について」，厚生労働省（2016）「第28回介護福祉士国家試験合格発表」をもとに筆者が作成。

国のどこの地域の医療施設や福祉施設に行っても，アジア出身の看護職や介護職が当たり前にいる状況となる可能性が高い。もちろん，来日してから看護師を3年以内，介護福祉士を4年以内に資格取得することが原則（2013年から1年の延長措置が認められている）となっているため，将来にわたり在留するためには，一定の高いハードルがある。そのため協定開始からの8年間で看護職・介護職あわせて600人しか合格できていないうえに，合格者の3割以上がすでに日本を離れている（表15-2・表15-3）。各国から来日する候補者は成績優秀の者ばかりであるが，国家試験に合格するには，日本文化や生活習慣に慣れなけ

第Ⅱ部　社会福祉の現状と課題

ればならないうえに，日本語（ひらがな・カタカナ・漢字）の３種類の文字を覚え，日本語で専門用語を多数覚える必要があるため，試験合格は非常に難関である。そして，国家試験に合格し就職できたとしても，日本語での書類作成や引継ぎに戸惑うとともに，長期休暇を取得することが難しいために祖国に帰郷できず，ストレスを解消しようにも母国の同僚や他の職場の仲間と休日が合わない。そのために，日本での就労を諦めるケースが増加している。このような状況に対して，現時点で充分なケアや効果的な支援ができていない現状である。[8)9]

　この政策について，厚生労働省は「看護・介護分野の労働力不足への対応として行うものではなく，相手国からの強い要望に基づき交渉した結果，経済活動の連携の強化の観点から実施するもの」としている。[10]けれども，日本人だけでは不足する人材を諸外国の人材で補いたいという本音が見え隠れしている。しかし，外国人労働者の問題はEPAの医療や福祉領域に留まらず，さまざまな領域に存在する。

2　労働力の確保と外国人労働者

労働力を確保するための既存の政策

　現在のわが国の政策を俯瞰すれば，現在の社会サービスや経済規模を維持していく方向を選択しており，世界的な男女共同参画社会に鑑みて，まず，社会的就労をしていない女性が就職するための環境を整えている。そのため，これまで夫の収入のみで生活できていた状況から，夫婦共働きの収入で一定水準以上の生活ができる形へとシフトしていくために，個人の平均所得が総じて上がらないような経済政策が取られている。さらには，夫婦２人で共働きだった場合にもらえる年金収入で，老後にある程度の生活ができるように年金支給額を減額していき，「夫が１人で働いて家計を支え，夫の年金で老後の夫婦生活を維持する」という高度経済成長期のメジャーモデルを転換するために，専業主婦の税金控除を廃止していく方向へと議論が進んでいる。

　しかし，子育てや介護を担わなければならない状況や本人が病弱だった場合，

第15章　国際化と多様性支援の現状と諸課題

女性が定年まで就労し続けるのは容易でない。仮に，女性が介護や子育ての後に就労できたとしても，出産等でいったん退職してしまえば，年齢や資格所持等の状況にもよるが，再雇用後はパートかアルバイトが大半をしめており，正規雇用が難しい現状は以前と変化がない。そのため，女性の社会進出だけによる労働人口の確保は難しいものがある。そこで，同時に行われているのが，年金支給年齢の引き上げと定年延長政策である。

　以前は55歳からの年金支給が基本であったが，1957（昭和32）年から男性，1987（昭和62）年から女性が，60歳からの年金支給となり，2001（平成13）年から男性，2006（平成18）年から女性が65歳からの年金支給（基礎額部分）となり，2013（平成25）年から男性，2018年（平成30）から女性が全額完全に65歳からの年金支給（報酬比例額も含む）となった。今後は，すでに67歳からの年金支給が決定しているアメリカ・イギリス・ドイツ等の状況に準じて，67歳に引き上げられると予想される。

　また同時に，定年の年齢も変化してきた。長年55歳定年が主流であったが，平均寿命の伸びにより，1986（昭和61）年「高年齢者等の雇用の安定等に関する法律」の改正で60歳定年が努力義務化され，1994（平成6）年の同法改正で60歳未満定年が禁止され，2000（平成12）年の同法改正で65歳までの雇用確保措置を努力義務化され，2012（平成24）年の同法改正で希望者全員の65歳までの雇用が義務化された。

　今後は年金支給開始年齢に鑑みながら，67歳まで定年が延長され，将来的には，70歳定年・70歳からの年金支給開始が当然となっていく可能性が高い。

　しかし，労働人口年齢にある男性・女性はともに，今後は減少していくことが予測されている。さらには，平均寿命の延びも鈍化してきており，定年や年金支給の年齢を際限なく上げていくことは難しい。そのため，女性の社会進出や定年延長だけで，全体的に減少する労働力人口をカバーできるのか非常に疑問が残る。

　人口を維持・増加させていくためには，少子化に歯止めをかけるための有効な政策を同時に行う必要がある。

第Ⅱ部　社会福祉の現状と課題

労働力を確保するための新たな政策

　高度経済成長期に，開発途上国へ進出した日本企業が，社会貢献と交流を目的として現地社員を日本に招聘し，技術や知識を習得する機会を設けた各種の取り組みが認められ，1981（昭和56）年に国際貢献と国際協力の一環として一定期間の在留資格を認める「外国人研修制度」が創設された。1993（平成5）年には，知識や技能を修得する研修に加えて，実践的に就労可能な技能（知識・技術）を修得するための「技能実習制度」が導入された。[12]一方で，元来は研修生である期間中（最長3年間）は労働関係法令が適用されない状況であるにもかかわらず，労働者と同様に扱う企業や団体もあり，契約時と異なる重労働や低賃金労働，時間外労働等に関する苦情やトラブルが多発した。当初，開発途上国への支援の一環であった「研修制度」であったものが，裏では安価な労働力として扱われ，労働人権侵害問題が多発していたのである。このようなことから，2014（平成26）年の1年間に4847人，2015（平成27）年の1月～10月までで4930人の研修生が失踪している。[13]

　そのため，2010（平成22）年に「出入国管理及び難民認定法」の改正とともに，技能習得活動は技能実習制度に一本化された。さらに，2016（平成28）年に「外国人の技能実習の適正な実施及び技能実習生の保護に関する法律（通称：技能実習法）」（法務省・厚生労働省の共管で，2017〔平成29〕年11月1日までに施行予定）が公布された。とくに，法律の柱として，「技能実習生の実習期間を最長5年まで延長可能」「労働人権侵害問題を防ぐため，受け入れ団体や企業を査察・監督し，実習生の相談・援助を行う『外国人技能実習機構』を新設」「技能実習生に対する人権侵害行為（意思に反した実習や労働の強制，私生活の制限など）について，禁止規定ならびに罰則規定（1年以上10年以下の懲役または20万円以上300万円以下の罰金）を設置」等を定めた。[14]

　現在，「日本では公には移民を受け入れていない」と政府は発表している。しかし，国連によると，「移住の理由や法的地位に関係なく，定住国を変更した人々を国際移民とみなす。3か月から12か月間の移動を短期的または一時的移住，1年以上にわたる居住国の変更を長期的または恒久移住と呼んで区別す

る」と移民を定義している。つまり，EPA による「外国人看護師・介護福祉士候補者」も，技能実習法に基づく「外国人技能実習生」も"移民"であり，日本はすでに移民を受け入れ始めているといえるだろう。

3 人口減少社会における多様な文化と価値観の承認

セクシュアルマイノリティ（LGBTIQA）の承認と対応

近年，セクシュアルマイノリティの社会的認知が広がり，LGBT といった言葉に触れる機会が多くなっている（表15-4）。一方で，LGBT の範疇に入らない性的少数者も存在するため，LGBTIQA という言葉が使用され始めている。これまでは，L（Lesbian：レズビアン）・G（Gay：ゲイ）・B（Bisexual：バイセクシュアル）・T（Transgender：トランスジェンダー）・I（Intersex：インターセックス）・Q（Questioning：クエスチョニング）・A（Asexual：アセクシュアル）等のセクシュアルマイノリティであった場合，社会的偏見や差別の恐れから，自らの心の内に仕舞い込み，カミングアウトすること（人に知られたくない自己の秘密を告白・公言すること）が難しい社会的風潮があった。

電通（2015）が全国の20〜59歳の6万9989名にインターネット調査で実施した「LGBT 調査2015」によると，LGBT を含む性的少数者（＝セクシュアルマイノリティ）に該当する人は2012年時調査の5.2％から7.6％に増加しており，セクシュアルマイノリティが増加している状況である。

その一方で，年々，LGBTIQA に対する理解や啓発の取り組みも広がっており，2015（平成27）年9月に東京都世田谷区で，個人の尊厳を尊重し多様性を認め合い，自分らしく暮らせる地域社会を築くことを目指し，「世田谷区パートナーシップの宣誓の取扱いに関する要綱」が策定された。さらには，2015（平成27）年4月から東京都渋谷区で，性別等にとらわれず，多様な個人が尊重され，1人ひとりがその個性と能力を十分に発揮し，社会的責任を分かち合い，ともにあらゆる分野に参画できる社会の実現を目指した「渋谷区男女平等及び多様性を尊重する社会を推進する条例（通称：渋谷区同性パートナーシップ条例）」

第Ⅱ部 社会福祉の現状と課題

表15-4 性的少数者（セクシュアルマイノリティ）とは

種類	意味	人口割合
L（Lesbian：レズビアン）	女性に対して，美的な憧れや情緒的・精神的な魅惑，あるいは性的・肉体的な欲望を抱くような性的指向をもつ女性をいう。いわゆる女性同性愛者を指す。	0.5%
G（Gay：ゲイ）	男性に対して，美的な憧れや情緒的・精神的な魅惑，あるいは性的・肉体的な欲望を抱くような性的指向をもつ男性をいう。いわゆる男性同性愛者を指す。	0.9%
B（Bisexual：バイセクシュアル）	男性・女性のいずれの性の人に対しても，美的な憧れや情緒的・精神的な魅惑，あるいは性的・肉体的な欲望を抱くような性的指向をもつ人（男性または女性）をいう。いわゆる両性愛者を指す。	1.7%
T（Transgender：トランスジェンダー）	出生時に割り当てられた性別（生理学的・法律的・社会的）に違和感を抱き，全くとらわれない性別の状態をもつ人（男性または女性）。医学的には性同一性障害が用いられている。	0.7%
I（Intersex：インターセックス）	男女両方の性を兼ね備えており，性別の判別が難しい状態の人。半陰陽者や両性具有者とも呼ばれている。医学的には性分化疾患（DSD）が用いられている。	
Q（Questioning：クエスチョニング）	自己の心の性や性的指向を迷っていたり，探していたりする状態の人。または男女のいずれかにカテゴライズされたくない人を指す。	3.8%
A（Asexual：アセクシュアル）	他者に対して性的な欲求・性的衝動をもたず，かつ他者に恋愛感情を抱かない性質の人のことである。いわゆる無性愛者を指す。	

出所：朝日新聞（2017）「LGBT」2017年1月11日（夕刊），電通「LGBT調査2015」をもとに筆者が作成。

が施行された。[19]また，2016（平成28）年6月から兵庫県宝塚市で，同性カップルが行うパートナーシップの宣誓の取り扱いについて必要な事項を規定した「宝塚市パートナーシップの宣誓の取扱いに関する要綱」が施行された。[20]「住みたいまちランキング」の“関東行政市区ランキング”で，世田谷区は「2016年：第2位，2017年：第2位」，渋谷区は「2016年：第4位，2017年：第9位」となり，“関西ランキング”で宝塚市は「2016年：第8位，2017年：第11位」となり，いずれの自治体とも上位に位置している。[21][22]つまり，多様な生き方や価値観を認めることは，多くの人びとにとって住み心地の良い街だと言い換える

194

ともできるのではないだろうか。

　一方，労働組合の中央組織・連合（2016）が，全国で就労している20〜59歳の男女1000人にインターネット調査を実施した結果，「職場の上司や同僚，部下が同性愛者や両性愛者だったらどう感じるか」という質問について，「嫌だ」と回答した人が35.0％に上った。また，調査対象者の8.0％がLGBTの当事者であり，「ゲイは気持ち悪い」といった嫌がらせを職場で受けたり見聞きしたりした人は22.9％に上っていた。[23]

　LGBTに対する国民の理解を深めるための学校教育，職場教育，社会啓発等が必要であり，差別禁止やハラスメント防止の法制化も同時に行われていくことが重要である。

在留外国人の承認と対応

　島国で閉鎖的なわが国において，在留外国人に対する一定の偏見や差別があるのは否めない。近年，世界的に問題となっている「ヘイトスピーチ（Hate Speech）」[24]や右極勢力の拡大は，わが国にも及んでいる。そのため，2016（平成28）年6月に「本邦外出身者に対する不当な差別的言動の解消に向けた取組の推進に関する法律（通称：ヘイトスピーチ対策法）」が施行され，日本に居住している外国出身者やその子孫に対する差別意識を助長・誘発し，地域社会から排除することを扇動するような言動の解消に取り組むことを規定している。[25]外国人居住者が偏見をもたれたり差別される理由として，原住国民の雇用を奪い，原住国民のみが得るはずの権利や富を享受し，犯罪増加の原因となったり，原住国民の文化や風習に馴染もうとしない等の理由があげられる。

　在日外国人が日本で暮らすなかで，日本の法律や文化・風習に馴れ親しめるように受け入れる土壌を整備するとともに，日本人側にも外国の固有文化や風習を理解し認めていくことが求められる。

第Ⅱ部　社会福祉の現状と課題

4　現状の課題と展望

　これまで，人口減少社会に突入した日本の現状や課題を断片的に述べてきたが，人口減少対策として「女性の社会進出」「定年年齢の延長」を社会全体で受け入れるためには，これまでの私たちの価値観を大きく変えるということが重要である。

　たとえば，これまで国連（1956）の「65歳以上」を高齢者とする定義を各国が用いて日本も準じてきたが，近年の日本人の65歳以上を調査しても，身体的・認知的機能とも向上しており，74歳以下では要介護者等が年々減少している。このような状況から，日本老年学会と日本老年医学会（2017）は，健康で活力がある人が多い65〜74歳を「准高齢者」，75〜89歳は「高齢者」，90歳以上は「超高齢者」と定義し直すことを提言しており，われわれ国民も時代とともに意識変革をしていく必要性に迫られている。

　国際ソーシャルワーカー連盟（IFSW）は，「ソーシャルワーク専門職のグローバル定義」を採択し，ソーシャルワーカーの中核任務について「人種・階級・言語・宗教・ジェンダー・障害・文化・性的指向などに基づく抑圧や，特権の構造的原因の探求を通して批判的意識を養うこと，そして構造的・個人的障壁の問題に取り組む行動戦略を立てることは，人々のエンパワメントと解放をめざす実践の中核をなす」と定義している。つまり，国境を越えて民族が移動し，交わり，ときには衝突する世界各国・地域では，人種・階級・言語・宗教・ジェンダー・障害・文化・性的指向などに基づく抑圧や偏見・差別等を乗り越え，多様な価値を受け入れ認め合うことが根底に必要となるため，IFSWはボーダレス社会を鑑みて「グローバル定義」を採択したのである。また，世界を見渡せば，日本と同様にほとんど移民を受け入れてこなかったフィンランドでも，フィンランド人以外の移民の子ども数が少しずつ増えているので，ヘルシンキ市では，教える立場の人たちに多文化問題に関する研修を行い，保育所レベルでフィンランド語を第2言語として教えることも行っている。身体障

196

第 15 章　国際化と多様性支援の現状と諸課題

 コラム　Ａこども園における多文化理解への取り組み

　数年前に，Ａこども園に就職したばかりのＢ美（保育教諭）から，国際化対応の話を聞く機会があった。

　彼女が就職したＡこども園は，食育に力を入れており，毎月１回保護者による「手作りお弁当の日」を設定して実施していた。クラスの子どもたちはキャラクター弁当やさまざまな色とりどりのおかずが盛り付けられた豪華なお弁当を持参していた。しかし，一部の児童がもってきたお弁当には「ご飯と少量のおかず」や「パンと果物」しか入っていなかったのである。

　その日の夜に，各担任は児童の保護者に電話をし，「Ａこども園が食育に力を入れていること」を伝え，「なぜ，そのような簡素なお弁当になったのか」と理由を確認した。すると，「ご飯と少量のおかず」や「パンと果物」の簡素なお弁当をもってきていた児童の保護者は海外の出身であり，出身国では簡素なお弁当が一般的であることが分かった。それから３日後の夕方，園長は，主任保育教諭や管理栄養士やＢ美と協議をしていた。

園　長：「私は，Ａこども園で食育に力を入れているのは間違いとは思えないし，海外出身の保護者の方々の言うこともよく分かるの……子どもたちが，食文化を通じて多様性を理解できる方法はないかしら？」

栄養士：「確かに，Ａこども園の保護者には，アジア，南米など各国出身の方がたくさんいます。当然，自宅ではそれぞれの国の料理を食べています。これからは，ますます国際化が広がるので，園児にも教職員にも，さまざまな国の食文化を学ぶチャンスだと思うのです。ですから，毎月１回は"インターナショナル・ランチデー"にして，各国の料理を作り給食に出す日を設けるというのはどうでしょう。その時に，保護者の方々にも作り方を教えて頂き，子どもたちの前でその国の文化や料理のことをお話してもらうというのはどうでしょうか？」

　それから，Ａこども園では，すべての保護者が納得・承諾した上で，毎月"インターナショナル・ランチデー"を開催し，保護者や子ども，教職員からも非常に好評を得ることにつながった。

出所：筆者と卒業生とのエピソードをもとに執筆。

第Ⅱ部　社会福祉の現状と課題

害や学習障害のある子ども向けには特別教室が用意されている。また，北欧諸国では，人権や自らの権利に関する教育はもちろんのこと，性的アイデンティティも含めて，多様性を認める教育が幼少期から行われている。

　日本でも多様な価値を受け入れる社会を構築するために，セクシュアルマイノリティの幼児や児童への適切な支援や周囲への啓発を保育者や教師が行う必要があり，肌の色や言語の異なる専門職間で連携を行うことであり，宗教や風習の異なる児童に配慮した教育を行うことが必要である。その長年の教育の積み重ねが，教育だけでなく社会全体に広がり，介護や医療の世界にも浸透していくことにつながる。すべての専門職が当然のこととして対応できるようになるためには，一朝一夕では難しく，十分な準備の時間が必要である。

　今，まさに日本は変化の時代を迎えている。専門職が先頭に立ち，意識や価値を変化させ，多様な援助を行えるようにならなければならない。

注

(1)　国立社会保障・人口問題研究所（2017）「日本の将来推計人口（平成29年4月推計）」（http://www.ipss.go.jp/pp-zenkoku/j/zenkoku2017.asp，2017.7.15）。

(2)　コンパクト・シティ：郊外への広がりを制限すると同時に住宅，職場，店舗，病院など，生活に必要な機能（住宅，商店，機関，施設等）を中心部に集めることで，街の規模をコンパクトに保ち，マイカーに頼らず，公共交通機関や徒歩で暮らせる範囲の街にするという，効率的で持続可能な街づくりや都市計画のあり方を示す概念。

(3)　コンパクト・ステート：人口減少により，行政・立法・司法のすべてを限定的でコンパクトな範囲に集約し，政治的・経済的・財政的にも小規模な運営を行う国家を示す概念。

(4)　法務省（2016）「在留外国人統計（旧登録外国人統計）」（http://www.e-stat.go.jp/SG1/estat/List.do?lid=000001161643，2017.1.15）。

(5)　Carl B. Frey and Michael A. Osborne (2013) *The Future of Employment : How susceptible are jobs to computerisation*" University of Oxford（http://www.oxfordmartin.ox.ac.uk/downloads/academic/The_Future_of_Employment.pdf，2017.1.15）.

第15章　国際化と多様性支援の現状と諸課題

⑹　厚生労働省（2016）「インドネシア，フィリピン及びベトナムからの外国人看護師・介護福祉士候補者の受入れについて」（http://www.mhlw.go.jp/stf/seisakunitsuite/bunya/koyou_roudou/koyou/gaikokujin/other22/index. html，2017.1.15）。

⑺　国際厚生事業団（2016）「平成29年度　受入支援等の取り組み・受入れ状況等について」3（http://jicwels.or.jp/?page_id=14，2017.1.15）。

⑻　「医療・介護の外国人，難しい定着　受け入れ8年　資格取得600人，3割は離脱」朝日新聞デジタル　2016年9月18日付朝刊（http://www.asahi.com/articles/DA3S12565105.html，2017.1.15）。

⑼　松川希実・森本美紀「外国人看護師・介護士，難しい定着『もう疲れ果てた』」朝日新聞デジタル　2016年9月18日付朝刊（http://www.asahi.com/articles/ASJ8J354HJ8JUTFL001.html，2017.1.15）。

⑽　厚生労働省（2015）「保健師助産師看護師国家試験の現状について」（http://www.mhlw.go.jp/stf/shingi2/0000099643.html，2017.1.15）。

⑾　堀江奈保子（2008）「年金支給開始年齢の更なる引上げ：67歳支給開始の検討とその条件」『みずほ総研論集』2008年Ⅰ号，みずほ総合研究所，5。

⑿　国際研修協力機構（2016）「外国人技能実習制度・『研修』」（http://www.jitco.or.jp/system/shokushu-shiken.html，2017.1.15）。

⒀　「外国人実習生の失踪，過去最多に　急増の背景にスマホ？」朝日新聞　2015年12月21日付朝刊。

⒁　厚生労働省（2016）「外国人の技能実習の適正な実施及び技能実習生の保護に関する法律（技能実習法）について」（http://www.mhlw.go.jp/stf/seisakunitsuite/bunya/0000142615.html，2017.1.15）。

⒂　国際連合広報センター「難民と移民の定義」（http://www.unic.or.jp/news_press/features_backgrounders/22174/，2017.1.15）。

⒃　NHK「LGBTってなに？」（http://www.nhk.or.jp/heart-net/lgbt/about/，2017.1.15）。

⒄　電通（2015）「電通ダイバーシティ・ラボが『LGBT調査2015』を実施」（http://www.nhk.or.jp/heart-net/lgbt/about/，2017.1.15）。

⒅　世田谷区（2015）「世田谷区パートナーシップの宣誓の取組みについて」（https://www.city.shibuya.tokyo.jp/kusei/jorei/jorei/lgbt.html，2017.1.15）。

⒆　渋谷区（2017）「性的マイノリティに寄り添うまちづくりの取り組みを始めます」（http://www.city.setagaya.lg.jp/kurashi/101/167/1871/d00142701.html，2017.1.15）。

⒇　宝塚市（2016）「渋谷区男女平等及び多様性を尊重する社会を推進する条例」

第Ⅱ部　社会福祉の現状と課題

(http://www.city.takarazuka.hyogo.jp/kyoiku/jinken/1000112/1016495.html,
2017.1.15)。

(21)　リクルート（2016）「街を知る：住みたいまちランキング2016」(http://suumo.
jp/article/oyakudachi/oyaku/oyaku_category/sumai_nyumon/machi/, 2017.1.15)。

(22)　リクルート（2017）「街を知る：住みたいまちランキング2017」(http://www.
recruit-sumai.co.jp/data/, 2017.6.15)。

(23)　北川慧一（2016）「LGBT, 働く人の8％ 職場にいると「嫌だ」35％」朝日新聞
デジタル, 2016年8月25日夕刊 (http://www.asahi.com/articles/ASJ8T5G48J8
TULFA014.html, 2017.1.15)。

(24)　ヘイトスピーチ：憎悪をむき出しにした発言。とくに, 公の場で, 特定の人種,
民族, 出身国, 宗教, 性別, 性的指向, 障害の有無, 職業, 身分など, 自ら変更す
ることが難しい事柄に基づき, 個人や所属する集団に対して, 攻撃・脅迫・侮辱・
中傷する発言や言動を示す概念。

(25)　ヒューマンライツ・ナウ（2016）「『本邦外出身者に対する不当な差別的言動の解
消に向けた取組の推進に関する法律』（ヘイトスピーチ解消法）成立に対する声明」
(http://hrn.or.jp/activity/7426/, 2017.1.15)。

(26)　国連（1956）*The Aging of Populations and its Economic and Social Implications
Studies,* No. 26, New York.

(27)　細川貴代（2017）「高齢者は『75歳以上』に：若返りの現実考慮」毎日新聞,
2017年1月5日夕刊 (http://mainichi.jp/articles/20170106/k00/00m/040/122000c,
2017.1.15)。

(28)　日本社会福祉教育学校連盟・社会福祉専門職団体協議会（2014）「ソーシャル
ワーク専門職のグローバル定義（日本語版）」(http://www.jassw.jp/topics/pdf/
14070301.pdf, 2017.1.15)。

(29)　UNFPA（国連人口基金：2011）『世界人口白書2011』57-60。

読者のための参考図書

薬師実芳・笹原千奈未・古堂達也・小川奈津己（2014）『LGBT ってなんだろう？
　　――からだの性・こころの性・好きになる性』合同出版。
　　　　――50人にも上る LGBT 等の当事者の声や事例を掲載している。LGBT 等の子ど
　　　　　　もたちにとって, 体育やプール, 制服, 行事, 友だち関係など, 日常生活のな
　　　　　　かに多くの辛い要素や悩む場面がある。教育や保育の現場に携わる専門職や,
　　　　　　これから社会へ巣立つすべての学生に広く読んでもらいたい書籍である。
宮島喬・鈴木江理子（2014）『外国人労働者受け入れを問う（岩波ブックレット

No.916)』岩波書店。

——現在の日本では，2020年の東京五輪に向けた大規模なインフラ整備などのために，安易な形で外国人労働者の受け入れを進めている。公正と人権の原則に基づき，今後ますます増加する外国人労働者を同じ国内で共に生きる隣人として受け入れる方策を考えるためにも，すべての学生に広く読んでもらいたい書籍である。

エピローグ

社会福祉の動向と展望

1 戦後の社会福祉制度の概要

　わが国の社会福祉制度は，太平洋戦争終結後において，戦争被災者や引揚者が急増する中，おもに生活困窮者への対策を中心として開始された。1946（昭和21）年の旧生活保護法や1947（昭和22）年の児童福祉法，1949（昭和24）年の身体障害者福祉法などを皮切りに，法律によって福祉サービスの具体的な内容が定められた。そして，高度経済成長期の1960年代には，相次いで現在の知的障害者福祉法や老人福祉法，母子福祉法（現・母子及び父子並びに寡婦福祉法）が制定され，終戦当時は想定されなかった分野の福祉にもそれぞれ法律が設けられることで，その内容に沿った政策がそのつど展開された。こうした一連の法制定とその実行の根拠には，日本国憲法の第25条（生存権の保障）があり，同条第2項では，「国は，すべての生活部面について，社会福祉，社会保障及び公衆衛生の向上及び増進に努めなければならない」と規定されており，日本において社会福祉とは，単なる慈善や相互扶助ではなく，国家の責任として行われるべきだと示している。

　戦後60年以上過ぎた現代社会では，戦後まもなく構築された社会福祉の体制では社会福祉の多様な問題に対応できなくなってきた。そこで，社会福祉基礎構造改革として改革の方向が打ち出され，個人の自立を基本とし，個人の選択を尊重した制度の確立や質の高い福祉サービスの拡充，地域での生活を総合的に支援するための地域福祉の充実が掲げられた。そして，個人が尊厳をもって

その人らしい自立した生活を送ることができるよう支えるという社会福祉の理念に基づいて改革を推進するために検討された結果，2000（平成12）年に社会福祉事業法が改正される形で社会福祉法が制定された。その後も，高齢者福祉，障害者福祉，児童家庭福祉の分野で制度改正が繰り返されている。以下，各分野の制度の改正点や課題を簡単に整理していく。

2　各福祉分野の変遷

高齢者福祉

　わが国の高齢者介護は，人口の高齢化が始まったばかりの1963（昭和38）年に老人福祉法が制定されてからの歩みをみても，1970年代の老人医療費の無料化，1980年代の老人保健法の制定，1990年代の社会福祉関連8法の改正やゴールドプランの制定など，人口の急速な高齢化が進むなかで，その時代の要請に応えながら発展してきた。

　2000（平成12）年4月から実施された介護保険制度は，措置から契約への移行，選択と権利の保障，保健・医療・福祉サービスの一体的提供など，このようなわが国の高齢者介護の歴史においても時代を画す改革であり，介護保険制度の導入によって，高齢者介護のあり方は大きく変容した。介護保険制度が施行されて3年後の2003（平成15）年4月には，各市町村で初めて介護保険料の見直しが行われ，また，国においても介護報酬の改定を行うなど，制度導入後のひとつの節目を迎えた。介護保険制度の導入により，要介護認定を受ければ，利用者がいつでもサービスを直接利用することができるようになり，サービスは利用しやすくなった。介護サービスは私たちにとって確実に身近なものとなったといえるだろう。

　2013（平成25）年に「持続可能な社会保障制度の確立を図るための改革の推進に関する法律」が施行された。この法律を促進するために，2014（平成26）年「地域における医療及び介護の総合的な確保を推進するための関係法律の整備等に関する法律」が公布されたことによって，効率的かつ質の高い医療提供

エピローグ　社会福祉の動向と展望

体制を構築するとともに，地域包括ケアシステムを構築することを通じて，地域における医療および介護の総合的な確保を推進するため，医療法，介護保険法等の関係法律について所要の整備等を行うことが打ち出された。

障がい者施策

2003（平成15）年より，措置制度に代わって支援費制度がスタートした。支援費制度は，利用者自身によるサービスの選択と決定及び契約といった利用者の権利性を重視することで，その主体性を尊重し，利用者とサービス提供者との対等な関係を目指したものであった。

2004（平成16）年には厚生労働省障害保健福祉部から「今後の障害保健福祉施策について」（改革のグランドデザイン案）が提示された。その案は，年齢や障害がいにとらわれない支援の提供「障害保健福祉施策の総合化」，障がいがある人の地域生活支援の基盤と就労を含めた障害福祉サービス提供システムの再構築「自立支援型システムの転換」，効率的で安定した制度運営「制度の持続可能性の確保」の基本的視点に基づき，現行の制度的課題を解決するとともに新たな障害保健福祉施策体系の構築を謳った提言書である。この提言書を基底とする改革によって，2006（平成18）年度から障害者自立支援法が施行されたのである。しかし，「地域社会における共生の実現に向けて新たな障害保健福祉施策を講ずるための関係法律の整備に関する法律」が，2012（平成24）年3月に閣議決定され，同年6月27日に公布，2013（平成25）年4月1日に施行された。本法律では，2013（平成25）年4月1日から，「障害者自立支援法」を「障害者の日常生活及び社会生活を総合的に支援するための法律（障害者総合支援法）」とするとともに，障害者の定義に難病等を追加し，2014（平成26）年4月1日から，重度訪問介護の対象者の拡大，ケアホームのグループホームへの一元化などが実施された。この法律の概要は，地域社会における共生の実現に向けて，障害福祉サービスの充実等障害者の日常生活および社会生活を総合的に支援するため，新たな障害保健福祉施策を講ずるものとするとされた。そして，基本理念は，法に基づく日常生活・社会生活の支援が，共生社会を実現す

るため，社会参加の機会の確保および地域社会における共生，社会的障壁の除去に資するよう，総合的かつ計画的に行われることとされた。

児童家庭福祉施策

1989（平成元）年に合計特殊出生率が1.57に急落し，統計史上最低を記録したことから「1.57ショック」と呼ばれた。合計特殊出生率の低下が，一時的な傾向にとどまらず中長期化することが次第に明らかになってきたことから，1994（平成6）年に文部・厚生・労働・建設の4大臣合意により「今後の子育て支援のための施策の基本的方向について」（エンゼルプラン），1999（平成11）年に大蔵・文部・厚生・労働・建設・自治の6大臣合意により「重点的に推進すべき少子化対策の具体的実施計画について」（新エンゼルプラン）が策定された。

その後も少子化の流れに歯止めがかからないことから，政府はこれまでの次世代育成施策を点検し直し，もう一歩踏み込んだ対策として，2002（平成14）年に「少子化対策プラスワン」を打ち出した。これを踏まえて，2003（平成15）年3月には，少子化対策推進関係閣僚会議で「次世代育成支援に関する当面の取組方針」が決定され，同年7月に「次世代育成支援対策推進法」が成立した。その大きな特徴は，地方自治体と企業（事業主）に，2005（平成17）年度から10年にわたる行動計画の策定を求めたことにある。また，同法と同じ時期に「少子化社会対策基本法」も制定され，翌年に少子化社会対策大綱が閣議決定された。

大綱に盛り込まれた施策の推進を図るため，2004（平成16）年には「少子化社会対策大綱に基づく具体的実施計画」（子ども・子育て応援プラン）が策定され，その後も，2008（平成20）年には，新待機児童ゼロ作戦が展開された。2010（平成22）年には，新しい少子化社会対策大綱として「子ども・子育てビジョン」を定められ，「子どもが主人公」（チルドレン・ファースト），「少子化対策」から「子ども・子育て支援」へ，「生活と仕事と子育ての調和」という考えが示された。

エピローグ　社会福祉の動向と展望

2012（平成24）年に子ども・子育て支援関連3法による子ども・子育て支援新制度がスタートして，現状の課題はある程度解決できるのではないかと期待されている。なぜなら，子どものための教育・保育給付と地域子ども・子育て支援事業に財源が一元化されたことにより，親が利用したいサービスを自由に選べるようになったからである。このような，財源の一元化と認定こども園制度の見直しとが相まって，幼保の二重行政の解消も今より進んで幼児教育が充実することも期待できる。さらに，保育の必要性の認定を受けることで，就労状況とのミスマッチも今よりは解消されると考えられる。

また，仕事と生活の調和については，ワーク・ライフ・バランス憲章や行動指針こそ策定・合意されたものの，中小企業を中心に，子育てしながら働く者の現実は理想とかけ離れているのが実態で，実効性のある手立てはほとんど講じられていない。そして，子ども・子育て支援の枠組みを超える課題であるとはいえ，表裏一体で捉えるべきものである以上，何らかのインセンティブを政策的に組み込むなど，さらに踏み込んだ施策を講じる必要がある。今後は，すべての子ども・子育て家庭を対象にした総合的な施策体系として，現行より前進することが期待される。

3　今後の社会福祉施策の課題

社会福祉の基盤を整理するためには，第1に，社会福祉法の第6条で規定されているように，多様な福祉サービスの供給と運営体制・枠組みを整備し，維持するようにしなければならない。第2に，経済的自立した生活を維持できない市民に健康で文化的な最低限度の生活を保障することである。第3に，すべての市民が地域で自立した生活を長期的に維持できるように，予防的な保健福祉サービスを展開することである。第4に，民間非営利団体や営利的事業者が，専門性が必要なサービスを市民に提供することが求められる。第5に，地域の特性に応じた福祉サービスを提供し，支援する体制を整備することが必要である。第6に，児童虐待，高齢者虐待，障害者虐待等の予防と権利擁護体制を早

急に整備し，実効性のあるものにすることである。第7に，行政と民間がうまく連携できるよう，共同組織を設置して運営に努めることである。

　社会福祉サービスを利用しているものが多様化しているなかで，第一種社会福祉事業を運営することができる社会福祉法人の体制を整えるとともに，自己点検や第三者評価を受診することを義務化することが必要である。また，第二種社会福祉事業を運営している各事業所は，社会福祉サービス等の質の向上・確保や制度の持続性の確保に向けて，努力を重ねる必要がある。そして，利用者が個々のニーズに応じた良質なサービスを選択できるよう，事業所の情報（事業所の事業内容，職員体制，第三者評価の状況等）を正確に公表する仕組みをさらに検討すべきである。社会福祉計画の実効性を高めていくため，たとえば，PDCA サイクルを効果的に活用している好事例を事業所間で共有するとともに，地方公共団体ごとの目標・実績等の公表・分析や，社会福祉サービスの利用状況等に関するデータ分析に資する取り組みなどを推進すべきである。

　利用者の権利擁護のために利用者保護制度や苦情解決制度が導入されたが，施設内虐待（利用者に対してサービス提供者が虐待する等）や利用者の財産を横領する事件が報道されることがある。そのため，利用者の権利を擁護するために新たな法改正や制度改正を検討する必要があり，福祉サービス提供者に対しても人権侵害を防止するための研修や資格を更新するための仕組みを早急に整備しなければならない。さらに，社会福祉サービス等の提供を担う人材の確保やその資質向上に向けて，職員が資質向上やキャリア形成を図ることができる職場環境の整備，熟練した従業者による実地研修の実施等を促進すべきである。また，第三者評価を受審する事業所が年々減少している現状を打開するために，社会的養護系施設のように第三者評価を3年に一度以上受審することを義務づける必要がある。そして，事業所が自己点検をし，第三者評価を受審してサービスの質を向上させるための仕組みを，PDCA のサイクルを通して構築していく必要がある。社会福祉サービス等の利用者負担については，少子高齢化がさらに進むわが国において，これまでの利用者負担の見直しの経緯，家計の負担能力，他制度の利用者負担とのバランス等を踏まえ，制度の持続可能性を確

エピローグ　社会福祉の動向と展望

保する観点や，社会福祉制度に対する国民の理解や納得を得られるかどうかという点，利用抑制や家計への影響といった懸念にも留意しつつ，引き続き検討すべきである。

　公的な制度や福祉サービスには限界があり，文化的で最低限度の生活をすべて保障することはできない。ノーマライゼーションの理念の下，人びとが自分の住み慣れた地域や自宅で普通の生活を送るためには，公的な福祉サービスだけでは不十分である。そこで必要となってくるのが，地域の人びとが組織を作って福祉問題を解決する，地域福祉の推進である。地域の人びとが福祉問題を解決するためには，ネットワークをつくり，相互扶助中心に，自分ができることは協力していく姿勢が必要となってくる。地域の人びとを組織化し，福祉問題を特定し，プランニングしていく過程を援助することになっている社会福祉協議会の力量も問われることになる。さらに，民生委員・児童委員や主任児童委員が中心となって，地域の福祉問題を解決する力量をつけること，小・中学生にどのように福祉教育を提供できるかが課題である。

参考文献

厚生労働省（2014）「地域における医療及び介護の総合的な確保を推進するための関係法律の整備等に関する法律の概要」（www.mhlw.go.jp/topics/bukyoku/soumu/houritu/dl/186-06.pdf，2017.7.17）。

厚生労働省（2015）「障害者総合支援法施行3年後の見直しについて――社会保障審議会 障害者部会 報告書」平成27年12月14日（http://www.mhlw.go.jp/file/05-Shingikai-12601000-Seisakutoukatsukan-Sanjikanshitsu_Shakaihoshoutantou/0000107988.pdf，2017.7.17）。

厚生労働省（2012）「地域社会における共生の実現に向けて　新たな障害保健福祉施策を講ずるための関係法律の整備に関する法律の概要」（http://www.mhlw.go.jp/seisakunitsuite/bunya/hukushi_kaigo/shougaishahukushi/sougoushien/dl/sougoushien-01.pdf，2017.7.17）。

厚生労働省（2016）「「障害者の日常生活及び社会生活を総合的に支援するための法律及び児童福祉法の一部を改正する法律」について（経過）」（http://www.mhlw.go.

jp/file/05-Shingikai-12601000-Seisakutoukatsukan-Sanjikanshitsu_Shakaihoshouta
ntou/0000128863.pdf，2017.7.17）。

杉本敏夫監修，立花直樹・波田埜英治編著（2017）『児童家庭福祉論（第2版)』
（新・はじめて学ぶ社会福祉2）ミネルヴァ書房。

あとがき

　本書は,「新・はじめて学ぶ社会福祉」の一冊として刊行させていただいた。
「個人が尊厳を持ってその人らしい自立した生活が送れるよう支えるという
社会福祉の理念」に基づいた社会福祉基礎構造改革に沿って,2000年5月に社
会福祉事業法から社会福祉法へと,社会福祉の根幹である法律が抜本的に改正
された。これは,単に「措置から契約へ」という制度的枠組みを転換するだけ
でなく,福祉サービスの質の向上と量の拡充を目指して,介護保険制度,障害
者自立支援制度,子ども子育て支援新制度,サービス評価制度などが制定され,
さまざまな制度改革が行われた。

　同時に,児童虐待防止法,高齢者虐待防止法,障害者虐待防止法,DV 防止
法,障害者差別禁止法などが改正や整備されたことは,苦情解決や人権尊重と
いった個人の尊厳が重視されている証である。また,決して十分とは言えない
が,国民1人ひとりを重視した「持続可能型の福祉社会」を目指している証と
も言えるのではないだろうか。

　このような時代の要請に応えるために,介護福祉士,社会福祉士や保育士を
めざす学生にとって,わかりやすく役に立つテキストを上梓させていただいた
次第である。

　発刊にあたり,杉本敏夫先生（関西福祉科学大学名誉教授）に監修していただ
いた。さらには,保育や社会福祉,介護福祉や精神保健福祉の分野で活躍され
ている先生や,社会福祉分野での職務経験が豊富な先生方にも執筆者に加わっ
ていただいた。新制度の動向等を見ながら構成していったこともあり,執筆者
の先生方にも無理なお願いをすることもあったが,その要望にも快く応えてい
ただき感謝している。

　2017年9月

　　　　　　　　　　　　　　　　　　　　　　　　　　　編　者

さくいん

あ行

アセスメント（事前評価） *117,119,144*
医師 *72,75,77,78,104,107,108,188*
医療ソーシャルワーカー *104*
医療法人 *72,86*
医療保護施設 *89*
インターベンション（介入） *119*
インテーク（受理面接） *117,118,*
インテグレーション *177*
栄養士 *75,108,109*
NPO法人（特定非営利活動法人） *72,86*
エバリュエーション（事後評価） *120*
エリザベス救貧法 *20*
LGBT *2,6,193,195*
LGBTIQA *186,193*
エンゼルプラン *26,65,206*
エンパワメント *i,40,119,196*

か行

介護支援専門員（ケアマネジャー） *100,101,145*
介護福祉士 *17,37,38,99,101,189*
介護保険事業計画 *65,66*
介護保険法 *17,27,46,50,76,90,145,183,205*
ガイドヘルパー（移動支援従事者） *102*
カウンセリング *108,117*
家庭児童福祉主事 *106*
家庭相談員 *106*
看護師 *17,75,77,78,104,107,188,189*
管理栄養士 *78,108,109*
義肢装具士 *108*
基本的人権 *2,11,12,32-34,36-42,51,174,181*
救護施設 *89,91,183*
キング牧師 *22*

グループワーク（集団援助技術） *113,114,120,121*

グローバリゼーション *5,185*
ケアマネジメント *100,117,183*
軽費老人ホーム（ケアハウス） *90*
契約（制度，方式） *i,1,2,4,27,46,47,55,56,57,91-96,103,117,124-126,130,131,134,192,204,205*
ケースワーカー（現業員） *106*
ケースワーク（ソーシャル・ケースワーク）（個別援助技術） *22,113,120,121*
言語聴覚士（ST） *108*
権利擁護 *1,2,16,38,130,134,182,207,208*
権利擁護事業 *76,77*
更生施設 *89,91*
公認心理師 *108*
公民権運動 *22*
高齢者虐待 *50,77,207*
高齢者虐待の防止，高齢者の養護者に対する支援等に関する法律（高齢者虐待防止法） *27,50*
ゴールドプラン（高齢者保健福祉推進十か年戦略） *26,64,204*
国際人権規約 *34*
子育てサポーター *105*
子育て世代包括支援センター *78*
子ども・子育て支援事業計画 *66*
子ども・子育て支援法 *29,53,126,163,165,166*
子どもの貧困対策の推進に関する法律 *29,54,142*
コミュニティワーク（地域援助技術） *114,115,120,121*
コンサルテーション *110,117*
コンパクトシティ *5*

さくいん

さ行

サービス管理責任者　*100,101*
作業療法士（OT）　*77,78,104,108*
査察指導員（スーパーバイザー）　*106*
里親支援ソーシャルワーカー　*103*
ジェネラリスト・ソーシャルワーク　*120,121*
次世代育成支援行動計画　*66*
次世代育成支援対策推進法　*52,206*
慈善組織協会（COS）　*21*
児童委員　*74,104,105,113,209*
児童虐待　*18,52,74,138,142,183,207*
児童虐待の防止等に関する法律（児童虐待防
　　止法）　*27,52,74*
児童指導員　*75,102,107*
児童自立支援施設　*87,102,103,129*
児童自立支援専門員　*102*
児童生活支援員　*102*
児童相談所　*49,69,73-75,107,108,130*
児童の権利に関する条約　*34,49*
児童福祉法　*16,24,25,27,46,47,49,53,71-*
　　75,87,91,105,107,125,176,181,183,203
児童養護施設　*74,87,91,99,102,103,107,*
　　108,129
社会事業　*1,24*
社会福祉基礎構造改革　*27,47,55,56,82,86,*
　　91,94,124,203
社会福祉協議会　*26,48,65,79,80,103,105,*
　　115,127,130,132,209
社会福祉サービス　*i,2,16,17,41,45,57,58,*
　　68,82,86,91-93,95,116,124,125,208
社会福祉士　*i,ii,4,17,37,76,98-100,102-*
　　104,145
社会福祉事業　*1,2,3,25,47,48,62,69,71,82,*
　　83,126
社会福祉事業法　*3,4,25,27,47,124,125,204*
社会福祉法　*3,4,25,27,44,45,47,48,57,62,*
　　65,71,72,79,82,83,85,96,124-127,134,
　　204,207
社会福祉法人　*16,17,48,69,71,79,83,86,*
　　102,208

社会保障（制度）　*1,8,11,14,15,16,29,36,*
　　39,44,59,60,68,69,149,158,159,203,204
社会保障審議会　*69*
就労支援　*1,51,94,101,103,180*
授産施設　*89*
恤救規則　*23,24*
主任児童委員　*74,105,209*
手話通訳士　*102*
障害者基本計画　*66*
障害者虐待　*52,207*
障害者虐待の防止，障害者の養護者に対する
　　支援等に関する法律（障害者虐待防止）
　　27,52
障害者支援施設　*88,94,101*
障害者の権利に関する条約　*27,29,34,182*
障害者の日常生活及び社会生活を総合的に支
　　援するための法律（障害者総合支援法）
　　27,51,66,87,88,181,183,205
障害福祉計画　*66,179*
少年指導員　*103*
女子差別撤廃条約　*34*
ジョブコーチ　*102*
自立支援　*1,11,13,14,16,52,53,106,147,180*
新エンゼルプラン　*206*
人権擁護委員　*39,109*
新ゴールドプラン　*26*
身体障害者更生相談所　*76,106*
身体障害者福祉司　*76,106*
身体障害者福祉法　*16,25,45,47,49,72,76,*
　　203
スーパービジョン　*117*
スクールソーシャルワーカー　*103,143*
スクールソーシャルワーク　*ii*
スペシフィックソーシャルワーク　*120*
生活困窮者自立支援法　*29,53,143*
生活保護法　*16,24,25,45,47,48,72,87,91*
精神科ソーシャルワーカー　*99*
精神保健及び精神保健福祉に関する法律（精
　　神保健福祉法）　*16,27,46,51,77*
精神保健福祉士　*i,ii,4,17,37,38,77,99,103,*

213

104,107

精神保健福祉センター　77,107

精神保健福祉相談員　78,107

生存権　12,48,203

世界人権宣言　34

セクシュアルマイノリティ　193,194,198

セツルメント　21

セルフネグレクト（自己放任）　4,140

専門職成年後見人　104

相互扶助　1,22,23,154,168,203,209

相談支援専門員　101

ソーシャルアクション（社会福祉活動法）　116

ソーシャルアドミニストレーション（社会福祉運営管理）　116

ソーシャル・インクルージョン　11-13,16,145,177

ソーシャルワーカー　i,ii,37,78,117,188,196

ソーシャルワーク　i,ii,4,8,10,13,18,40,111,116,117,120,121,144

ソーシャルワークプランニング（社会福祉計画法）　115

ソーシャルワークリサーチ（社会福祉調査法）　115

措置（制度，方式）　i,1,4,27,46,47,50,52,56,57,72-74,77,86,90-92,124-126,130,204,205

措置権者　92

た行

第一種社会福祉事業　48,62,71,83,86,208

第二種社会福祉事業　48,71,83,208

地域福祉計画　48,65,115

知的障害者更生相談所　76,106

知的障害者福祉司　76,106

知的障害者福祉法　16,25,47,49,72,76,176,203

DV（ドメスティック・バイオレンス）　2,18,35,107,138

トインビーホール　21

特別支援学校教諭　109

特別養護老人ホーム　56,71,90,100,107

な行

日本国憲法　11,12,15,24,32,33,36,39,48,57,203

乳児院　87,91,99,102,103,129

認知症サポーター　105

ネイバーフッドギルド　21

ネットワーキング　117

ノーマライゼーション　5,11-13,16,26,63,65,173-178,180,181,183,184,209

は行

配偶者からの暴力の防止及び被害者の保護等に関する法律（DV防止法）　75

売春防止法　75,87,90,91,107

パターナリズム　i

発達障害者支援法　16,29,51

ファミリーソーシャルワーカー　103

福祉活動専門員　103

福祉事務所　48,53,71-73,106,107

福祉住環境コーディネーター　101

福祉専門官　104

婦人相談員　75,107

婦人相談所　75,107

婦人保護施設　87,90

プランニング（援助計画作成）　119,209

ベバリッジ報告　21

弁護士　75,104,109,132

保育教諭　99,100

保育士　i,ii,17,37,75,99,100,102,103,107,169,188

保育ソーシャルワーク　ii

ホームヘルパー（訪問介護員）　100

保健師　17,75-78,107,108,113,145

保健所　78,108

保健センター　78,79,108,168

保護司　109

母子及び父子並びに寡婦福祉法　16,25,50,

さくいん

72,87,90,203
母子支援員　103
母子生活支援施設　87,92,103,129
母子・父子休養ホーム　90
母子・父子自立支援員　106
母子・父子福祉センター　90

ま行

マイノリティ　32,38,39,59,182,184,185
民生委員　53,104,105,113,209
民生委員法　47,53
モニタリング（監視）　119

や行

養護老人ホーム　90,91,100

ら行

ラポール　3,117
理学療法士（PT）　78,108
リッチモンド　22
臨床心理士　108,109
老人福祉計画　50,65
老人福祉指導主事　106
老人福祉法　16,25,26,49,64,72,87,90,91,
183,203,204
老人保健福祉計画　64,65

わ行

ワークハウス　20

執筆者紹介 （執筆順，＊印は編者）

＊立花　直樹（プロローグ・第15章）

現在，聖和短期大学准教授。
主著：『ソーシャル・キャピタルを活かした社会的孤
　　立への支援』（共編著）ミネルヴァ書房，2017
　　年。『保育実践を深める相談援助・相談支援』
　　（共編著）晃洋書房，2017年。

田島　　望（第1章）

現在，九州看護福祉大学看護福祉学部助教。
主著：『介護実習への提言』（共著）ミネルヴァ書房，
　　2003年。『新しい福祉サービスの展開と人材育
　　成』（共著）法律文化社，2010年。

西川　友理（第2章）

現在，京都西山短期大学仏教学科仏教保育専攻講師。
主著：『わたしたちの暮らしとソーシャルワーク2
　　相談援助の理論と方法』（共著）保育出版社，
　　2016年。『保育の質を高める相談援助・相談支
　　援』（共著）晃洋書房，2017年。

牛島　豊広（第3章）

現在，中村学園大学短期大学部講師。
主著：『社会福祉の基本体系（第5版）』（共著）勁草
　　書房，2017年。『演習・保育と障害のある子ど
　　も』（共著）みらい，2017年。

森合　真一（第4章）

現在，鳳川学院短期大学，姫路獨協大学・非常勤講師。
主著：『社会福祉の基本と課題』（共著）勁草書房，
　　2015年。『新版　児童家庭福祉論』（共著）一藝
　　社，2015年。

田中　秀和（第5章）

現在，立正大学社会福祉学部助教。
主著：『進化するソーシャルワーク』（共訳）筒井書房，
　　2008年。『施設で育つ世界の子どもたち』（共
　　訳）筒井書房，2010年。

青井　夕貴（第6章）

現在，仁愛大学人間生活学部准教授。
主著：『保育相談支援』（共編著）中央法規出版，2015
　　年。『保育実践を深める相談援助・相談支援』
　　（共著）晃洋書房，2017年。

竹下　　徹（第7章）

現在，尚絅大学短期大学部幼児教育学科准教授。
主著：『社会福祉の基本体系（第5版）』（共著）勁草
　　書房，2017年。『保育実践を深める相談援助・
　　相談支援』（共著）晃洋書房，2017年。

楳原　直美（第8章）

現在，日本メディカル福祉専門学校。
主著：『保育の質を高める相談援助・相談支援』（共
　　著）晃洋書房，2015年。『社会福祉相談演習』
　　（共著）みらい，2016年。

岩本　華子（第9章）

現在，大阪府立大学客員研究員。
主著：『社会福祉実践における主体性を尊重した対等
　　な関わりは可能か』（共著）ミネルヴァ書房，
　　2015年。『社会的養護入門』（共著）ミネルヴァ
　　書房，2013年。

＊波田埜英治（第10章，エピローグ）

現在，聖和短期大学准教授。
主著：『子ども家庭福祉論』（共著）晃洋書房，2011年。
　　『保育現場で役立つ相談援助・相談支援』（共
　　著）晃洋書房，2013年。

荷出　　翠（第11章）

現在，平安女学院大学短期大学部保育科専任助教。
主著：『現代ソーシャルワーク論』（共著）晃洋書房，
　　2014年。『よくわかるスクールソーシャルワー
　　ク（第2版）』（共著）ミネルヴァ書房，2016年。

福嶋　正人（第12章）

現在，立命館大学，近畿大学・非常勤講師。
主著：『トラブル事例から学ぶ福祉・介護実習ワーク
　　ブック』（共著）みらい，2008年。『保育の質を
　　高める相談援助・相談支援』（共著）晃洋書房，
　　2015年。

中　　典子（第13章）

現在，中国学園大学子ども学部准教授。
主著：『子ども家庭福祉論（第3版）』（共著）晃洋書
　　房，2017年。『家庭支援論の基本と課題』（共
　　著）学文社，2017年。

松浦　満夫（第14章）

現在，大阪城南女子短期大学教授。
主著：『保育実践を深める相談援助・相談支援』（共
　　著）晃洋書房，2017年。『児童家庭福祉論（第2
　　版）』（共著）ミネルヴァ書房，2017年。

＜監修者紹介＞

杉本　敏夫（すぎもと・としお）

1976年　同志社大学大学院文学研究科修士課程社会福祉学専攻修了。
現　在　関西福祉科学大学名誉教授。
主　著　『新社会福祉方法原論』（共著）ミネルヴァ書房，1996年。
　　　　『高齢者福祉とソーシャルワーク』（監訳）晃洋書房，2012年。
　　　　『社会福祉概論（第4版）』（共編著）勁草書房，2016年。

新・はじめて学ぶ社会福祉④
社会福祉概論

2017年10月20日　初版第1刷発行　　　　　　〈検印省略〉
2019年 3 月20日　初版第3刷発行

定価はカバーに
表示しています

監修者　　杉　本　敏　夫

編著者　　立　花　直　樹
　　　　　波田埜　英　治

発行者　　杉　田　啓　三

印刷者　　坂　本　喜　杏

発行所　　株式会社　ミネルヴァ書房
607-8494　京都市山科区日ノ岡堤谷町1
電話代表　（075）581-5191
振替口座　01020-0-8076

©立花・波田埜ほか，2017　冨山房インターナショナル・藤沢製本

ISBN 978-4-623-08084-7

Printed in Japan

―――――― 新・はじめて学ぶ社会福祉 ――――――

〈杉本敏夫　監修〉

①高齢者福祉論

杉本敏夫・家髙将明　編著
Ａ５判／本体2400円

②児童家庭福祉論

立花直樹・波田埜英治　編著
Ａ５判／本体2400円

③障害者福祉論

杉本敏夫・柿木志津江　編著
Ａ５判／本体2400円

④社会福祉概論

立花直樹・波田埜英治　編著
Ａ５判／本体2400円

―――――――― ミネルヴァ書房 ――――――――

http://www.minervashobo.co.jp/